北大版留学生预科汉语教材·读写教程系列

高级

汉语阅读与写作教程

赵昀晖 编著

Advanced Chinese Reading and Writing Course

II

图书在版编目(CIP)数据

高级汉语阅读与写作教程.Ⅱ/赵昀晖编著.—北京：北京大学出版社,2012.1
(北大版留学生预科汉语教材·读写教程系列)
ISBN 978-7-301-19605-2

Ⅰ.高… Ⅱ.赵… Ⅲ.①汉语–阅读教学–对外汉语教学–教材 ②汉语–写作–对外汉语教学–教材 Ⅳ.H195.4

中国版本图书馆CIP数据核字(2011)第200607号

书　　　名：高级汉语阅读与写作教程Ⅱ
著作责任者：赵昀晖　编著
责 任 编 辑：贾鸿杰　jiahongjie2004@126.com
标 准 书 号：ISBN 978-7-301-19605-2
出 版 发 行：北京大学出版社
地　　　址：北京市海淀区成府路205号　100871
网　　　址：http://www.pup.cn
电　　　话：邮购部 62752015　发行部 62750672　编辑部 62752028　出版部 62754962
电 子 邮 箱：zpup@pup.pku.edu.cn
印　刷　者：三河市北燕印装有限公司
经　销　者：新华书店
　　　　　　787毫米×1092毫米　16开本　11.75印张　226千字
　　　　　　2012年1月第1版　2020年2月第2次印刷
定　　　价：30.00元

未经许可,不得以任何方式复制或抄袭本书之部分或全部内容。
版权所有,侵权必究　　举报电话：010-62752024
　　　　　　　　　　　电子邮箱：fd@pup.pku.edu.cn

修订说明

　　这套系列教材由长年从事对外汉语教学研究的教师编写,充分吸收了国内外阅读与写作教学、教材研究的新成果和长期的汉语教学实践经验,自 2006 年出版以来,受到外国留学生和汉语教师的普遍欢迎。

　　本次《高级汉语阅读与写作教程》修订,应广大使用者的要求,将原来的一册拆分为上下两册,使教材难度更为均衡,涉及主题更为集中完整。拆分后每册都添加了新的课文,内容覆盖面更广。同时,对练习也进行了针对性的调整和补充。

目 录

序 1
前 言 1

第一课 1
  阅读一 我们需要什么样的公民观？... 1
  阅读二 完善保护私人财产法律制度应遵循的原则 8

第二课 21
  阅读一 牛奶为何倒进大海？... 21
  阅读二 交通堵塞经济学 28

第三课 37
  阅读一 价格战——应适可而止的双刃剑 37
  阅读二 LG：中国市场的制胜之道 45

第四课 56
  阅读一 中国传统政治文化的四大特征 56
  阅读二 英国政治文化的特征——历史的连续性 65

综合练习（一）.. 75

第五课 83
  阅读一 世俗政治与宗教政治界说 83
  阅读二 三言两语说儒教 91

第六课 101
  阅读一 美是什么？... 101
  阅读二 什么是哲学？.. 108

第七课 118
- 阅读一　爱是一门艺术吗？ 118
- 阅读二　爱的对象——自身的爱 127

第八课 137
- 阅读一　对数学未来的思考 137
- 阅读二　必须正确才是科学吗？ 145

综合练习（二） 155

部分练习参考答案 163

词语总表 170

序

随着对外汉语教学理论的探讨步步深入,对外汉语教学实践的内容不断丰富,人们对四项技能的认识发生了很大改变。20世纪60年代的"听说领先"为"四项技能全面要求,不可偏废"所取代,80年代,课程分技能设课,教材也分技能编写。然而听说读写四项技能训练的效果和水平在外国留学生中是不平衡的,这主要取决于学生的选择。一般说来,学生投入精力大的是听和说,对读和写较为轻视。这种情况导致入本科学习专业课程的留学生深感阅读和写作能力达不到学习专业的要求,和同班学习的中国学生有着很大差距。不仅阅读专业参考书有困难,完成作业、小论文甚至写读书报告都要请中国同学帮助。于是,在专业学习的同时,不得不继续补习汉语,尤其是阅读和写作两门课。

在这种情况下,北京大学对外汉语教育学院预科教研室的几位教师在总结预科教学经验的基础上,吸收国内外阅读和写作研究的新成果,精心设计,科学安排,编写出了这套初、中、高系列汉语阅读与写作教程。这套教材有如下几个特点:

1. 选材新

阅读材料"为学习者提供极具吸引力和典型性的语言范本",可读性强,涵盖面广,适用范围大。

2. 训练方式新

针对不同层次的学习者采取不同的训练方式。初级阅读技巧训练侧重在字、词、句和语段切分,写作技巧训练侧重应用文、书信和记叙文等的基本训练。中级阅读技巧训练项目有抓中心意思、猜词方法、时间顺序、重复阅读、作者意图等,写作技巧训练完全配合阅读技巧训练,议论文配合抓中心意思,记叙文配合时间顺序等,把阅读训练与写作指导紧密结合起来。全套教材的阅读训练设置了"合作学习"、"相关链接"、"小结"等项目,写作训练采取示范、样式模板、要点讲解等行之有效的手段。

3. 目标明确

这套系列教程分三个层次,每个层次的重点不同。初级本注重习惯培养,中级本注重知识积累,高级本侧重专业学术性。教学要求与HSK密切结合,学完初级第2册后可达到5级水平,学完中级第2册后可达到7级水平,学完高级第 2 册后可达到 HSK 高等水平。

参与编写这套教材的刘立新、张园和赵昀晖,都是有着十年以上对外汉语教学经验的教师,他们不仅专业功底扎实,而且谙熟教学技巧,编写过对外汉语教材,积累了丰富的编写经验。这套系列教程融注了她们多年的心血和积累,我确信这是一套独具特色、实用高效的好教材。

郭振华

2011 年 12 月

前 言

"汉语阅读与写作教程"全套书共有初级、中级、高级三个系列，每个系列分Ⅰ、Ⅱ两本。

《高级汉语阅读与写作教程Ⅱ》的使用对象是完成初、中级阅读，进入专业阅读，汉语水平相当于HSK6—7级的留学生。本书注重阅读与写作的有机结合，培养学习者的基础阅读技能和写作技能，阅读部分和写作部分的安排和设计，均以国内外汉语教学界先进理论为指导，力求组成一个严密完整的汉语阅读写作训练体系。学完本阶段教材，可以使学生阅读与写作能力提升到高级水平。

内容与体例：

本册共八课和两个复习课，每课包含两篇阅读和一篇写作。主课文既是阅读材料，同时也可以作为写作的范例或者参考材料。复习课可以用于复习、测试或补充学习。

各课结构为：学习目的(包括内容提示、阅读技巧、写作要求)——热身问题——阅读材料（包括阅读提示）——个人理解——阅读练习——重点词语——词语练习——合作学习——写作练习（包括写作模板和要求）——相关链接。

关于阅读：

材料来源：均选自具有代表性的报纸、杂志或网站，具有趣味性、广泛性和新鲜感、时代感，尽量为学习者提供具有吸引力和典型性的语言范本。

阅读量：Ⅰ册1500～2000字／篇，Ⅱ册2000～2500字／篇。

对阅读速度的要求：Ⅰ册150字／分钟，Ⅱ册180～200字／分钟。

关于写作：

由于阅读材料可以作为写作的样本，写作练习也设置了部分写作模板，因而学生可以通过模仿作训练，完成论文，主要是各种题材的议论文的写作，字数要求在800～1000字之间。

关于练习：

练习从个人理解、阅读理解、词语练习、写作练习几个方面，对课文中所涵盖的词语、可供挖掘的读写技巧，进行多角度、有针对性的训练。

阅读和写作技能全部融入练习之中。一般来说，写作练习是以阅读材料中出现的写作技巧为范本，通过片段写作练习和完整写作练习，反复对该技巧进行训练。学生可以利用阅读材料中的词语或者写作模式进行模仿写作，进而可以创造性地发挥。两册多侧重于论文写作。重点词语和词语练习的设计，目的在于对实用性强的词语进行有效的训练，增加学生的词汇量，培养良好的阅读习惯，提高基本的写作能力。练习形式结合HSK阅读理解试题的形式，对于学生参加HSK考试有一定的帮助。本书附有部分练习答案，可供自学参考。

每一课最后有"相关链接"，有的是与本课主题内容相关的补充材料，有的是与阅读技巧或者写作技巧有关的常识，有的是提供一个进一步学习的途径，目的是培养学生学习的主动性和良好的学习习惯，使阅读与写作成为一个开放性的学习过程。

需要特别强调的是，本书设计采用自上而下—自下而上的方式，从泛读到精读，从全文到词汇，不鼓励学生使用字典，因而阅读练习在先，词表与词语练习在后。这也是全书的特色，请教师使用时加以注意。

本书在教学中经过一个学期的试用，多次修改成型，但是一定仍有值得探讨之处，敬请同行们批评指导。

最后，我们要感谢北京大学对外汉语教育学院的同事、北大出版社的编辑对本书的出版付出的努力，也要感谢本书所选阅读材料的作者们对我们的默默支持。由于客观条件的限制，很多作者没能联系上，在此表示深深的歉意，请有关作者看到此书后与编者及时取得联系。联系方式：zhaoyunhui@pku.edu.cn。

编者
2012 年 1 月

第一课

学习目的

1. 内容提示：法律概念和原则的解读。
2. 写作要求：法律论文写作。

思考题

1. "公民"、"人民"、"居民"各是什么意思？
2. "公民"的权利和义务有哪些？

阅读 一

我们需要什么样的公民观？

 提示：发现文章中平实的语言风格。
 时间：9分钟。

　　在中国,自古代到近代以至清代,"普天之下,莫非王土；率土之滨,莫非王臣。"只有从属和依附于国家的臣民、庶民、子民、顺民等等,自古无所谓"公民"一词,也从来不存在所谓公民社会。直到清光绪三十四年(1908年)宣布的《宪法大纲》仍沿用"臣民"概念，这个大纲的主体内容标明为"君上大权"，而"臣民权利义务"则作为"附件"列于其后。

辛亥革命后制定的《中华民国临时约法》开始使用"人民"一词。以后历次中华民国宪法中，"国民"与"人民"概念并用，对人民也长期采取"训政"的方略。直到1954年颁布的《中华人民共和国宪法》中，才出现"公民"一词。1982年《宪法》还将"公民的权利义务"提升为宪法第二章。

但是，应当承认，对什么是"公民"，特别是什么是"公民权"，以及如何尊重和保障公民权，远非尽人皆知。

现在有些人对当今社会法制不彰、道德滑坡的严重现象，往往责怪群众缺乏公民意识，而他们所理解和关注的公民意识则偏重于公民的守法意识和公德修养。他们主张从小学开始就开公民课，还发布"加强改进公民道德建设、构建社会主义和谐社会"的《中国公民道德论坛宣言》，号召在全社会大力宣传爱国守法、明礼诚信、团结友善、勤俭自强、敬业奉献二十字基本道德规范，普及道德知识，强化道德意识。实施这方面教育，当然是必要的，也可说是构建和谐社会应有之义，但也要防止道德教育的片面性。

不少人对公民概念的认知，通常有三种片面性：

一是认为公民只是有本国国籍的人，而不强调公民的本质是享有公民权的法律资格。实则，有国籍只是成为公民的必要条件，而非充分条件。公民的本质，或"全称的公民"(即完整意义上的公民)，是有公民权的人；而有特定涵义的公民权(不同于广义的"公民的"权利)，是如马克思所强调的，是"参与国家事务的政治权利"。这种政治权利是公民的公权利，区别于作为私人的私权利。二者都应同样受到党政官员的尊重和法律的保护。

二是把公民只当成义务主体，只是行政权的相对人，只是服从行政决定和命令的客体，而不是政府服务的

对象，不是对政府进行监督的主体。

　　三是把公民只当成受道德教育的主体，而忽视公民是宪法确认的公民权主体，在对人民群众进行公民教育时，又往往偏重于公民的义务意识、守法意识和道德修养，而忽视提高公民权利意识、参与管理国家和社会事务的意识，不强调公民的政治参与意识的提升。这种公民教育难免变为道德训育，难免陷入旧时代臣民、子民、顺民意识教育和"训政"的窠臼。

　　就公民作为"政治人"而言，公民主要是宪法确认的政治权利主体，而不只是教育对象，更不是要训练他们成为"非礼勿言、非礼勿动"的谦谦君子或驯服工具。

　　至于爱国教育，也要强调。公民的身份和资格不是像自然人那样是基于某一特定的民族、阶级、经济、文化共同体的成员，而是如哈贝马斯所说，公民是"以宪法为象征的政治共同体内的成员"，他"对国家的忠诚和热爱应当是一种政治性的归属感"，"公民身份首先是由民主权利构建而成"。可见，民族国家获得独立或者某一阶级获得自由解放，并不等于该国的所有公民也一定都获得了民权、人权和自由。

　　这使人联想到毛泽东的名言："中国人从此站起来了！"应当说，那还只是中华民族和中国人作为世界各民族的一分子在世界上站起来了，而作为民主共和国这个政治共同体的成员的公民，要完全"站起来"，还需要一个长期奋斗的历史过程。中华民族几千年历史及"文化大革命"时期，中国老百姓往往是作为臣民、子民、顺民，而非享有真实的政治权利的公民。进行公民教育如果回避这些历史和现实，是言不及义，甚至没有跳出愚民教育或狭隘民族主义教育的陷阱。

　　所谓"人民当家做主"，不只是体现在抽象的、整体意义上的"主权在民"，也不限于通过人大来实现，而可以是公民和社会组织直接行使公民权。当然，这并不意味着就取代了作为整体的人民主权，这些做法也需要纳入有序的法律程序。这也是为什么必须落实有关公民政治权利的立法，既保护公民权利又合理地规制公民权利的有序行使的原因。

（选自时间《我们需要什么样的公民观》，《检察日报》2005年12月5日）

个人理解

1. 你觉得这篇文章作者写得怎么样?
2. 读这篇文章时,你对作者哪一段的论述印象最深?

阅读理解

一、请快速阅读全文,用自己的话总结,作者认为的"公民观"包括哪些内容?

二、请仔细分段阅读,完成练习:

1. 请仔细阅读第1和第2自然段,根据内容完成表格。

朝代	代替"公民"的词语	含义/地位
清代以前	臣民	
中华民国临时约法	公民	提升到宪法第二章

2. 请阅读第4自然段,根据课文内容谈谈自己的看法——道德教育的片面性有哪些?

3. 请阅读第6—8自然段,用自己的话总结:
   总结三种观点的片面性,"公民"这个概念应该包括哪两个方面?

4. 请阅读第10自然段,根据作者阐释的观点用自己的话总结:
   为什么国家获得独立,并不等于所有公民都获得了民权、人权和自由?

5. 请阅读最后两个自然段,回答问题:
   作者认为,在中国进行公民教育应注意哪些问题?为什么?

三、请根据课文内容,用自己的话解释下列概念的意思:

1. 普天之下,莫非王土;率土之滨,莫非王臣
2. 臣民、庶民、子民、顺民
3. 君上大权

4. 训政
5. 有国籍只是成为公民的必要条件,而非充分条件
6. 政治人
7. 人民当家做主

 重点词语

1.	从属	（动）	cóngshǔ	to subordinate
2.	依附	（动）	yīfù	to attach oneself to
3.	宪法	（名）	xiànfǎ	constitution
4.	大纲	（名）	dàgāng	a general outline
5.	方略	（名）	fānglüè	general plan
6.	尽人皆知		jìn rén jiē zhī	upon the table
7.	彰	（形）	zhāng	clear
8.	滑坡	（动）	huápō	to decline
9.	公德	（名）	gōngdé	social morality
10.	勤俭	（形）	qínjiǎn	hardworking and thrifty
11.	敬业	（动）	jìngyè	to devote to one's job
12.	奉献	（动）	fèngxiàn	to dedicate
13.	实施	（动）	shíshī	to implement
14.	本质	（名）	běnzhì	essence
15.	主体	（名）	zhǔtǐ	main body
16.	客体	（名）	kètǐ	object
17.	窠臼	（名）	kējiù	old ruts; set pattern
18.	谦谦君子		qiānqiān jūnzǐ	a modest and self disciplined gentleman
19.	驯服	（动）	xùnfú	to tame
20.	归属	（动）	guīshǔ	to belong to
21.	回避	（动）	huíbì	to avoid
22.	愚民	（动）	yúmín	to try to keep the people in ignorance
23.	狭隘	（形）	xiá'ài	parochial
24.	纳入	（动）	nàrù	to put into
25.	行使	（动）	xíngshǐ	to perform

 词语练习

一 组词：
1. 实施（　　）　　2. 行使（　　）　　3. 纳入（　　）

二 请写出下列词语的反义词：
1. 滑坡——　　2. 勤俭——　　3. 本质——
4. 主体——　　5. 狭隘——

三 请选择合适的词语填空：
1. 这家公司是(从属/归属)于财政部的。
2. 这里的气氛非常温馨,让人有很强烈的(从属/归属)感。
3. 女性必须独立,不能(依靠/依附)于任何人。
4. 看得出来,他在极力(回避/躲避/逃避)问题的关键部分。

四 请用本课词语替代画线部分：
1. 他是个非常有修养、谦和有礼的男人。（　　）
2. 由于前几年错误的经济政策,致使今年外贸出口大幅下降。（　　）
3. 这个道理所有人都了解。（　　）
4. 故事开头还挺新颖,可是结局又落入了老一套。（　　）

五 请模仿例句造句：
1. 自古无所谓"公民"一词,也从来不存在所谓公民社会。

　　你的句子：_____。

2. 什么是"公民权",以及如何尊重和保障公民权,远非尽人皆知。

　　你的句子：_____。

3. 一是认为公民只是……,而不强调公民的本质是……。实则,有国籍只是成为公民的必要条件,而非充分条件。

　　你的句子：_____。

4. 在对人民群众进行公民教育时,又往往<u>偏重于</u>公民的义务意识、守法意识和道德修养。

   你的句子:_____。

5. ……,<u>难免陷入</u>旧时代臣民、子民、顺民意识教育和"训政"的窠臼。

   你的句子:_____。

合作学习

请查找三篇解读"公民权"的论文,阅读其中一篇,写出概要,内容包括:

1. 文章作者;
2. 文章主要观点;
3. 作者是用什么论据来论证观点的;
4. 你对这篇论文的评价。

思考题

1. 什么是私人财产？私人财产与公共财产的关系是怎样的？
2. 法律保护的私人财产应该包括哪些部分？

阅读 二

完善保护私人财产法律制度应遵循的原则

 提示：注意作者论述过程中的逻辑发展顺序。
 时间：12分钟。

从法律上说，私人财产即私有财产、个人财产。社会是由个人组成的，虽然它还由众多的社会经济组织组成，但这些组织也是由个人组成的。个人是社会基础的基础。个人在社会上要寻求安全保护：一个是人身安全，一个是财产安全，两者缺一不可。动摇这两个安全，就会动摇社会的根基，就会造成社会的不稳定。从法律角度看就是要保护人的两种权利：人身权和财产权；保障社会的两大秩序：社会安全秩序和经济安全秩序。民法就是保护人身权利和财产权利以及确立这两种秩序的法律制度。可见，完善保护私人财产的法律制度意义重大。

完善保护私人财产的法律制度应遵循以下原则：

私人财产的地位及其保护应在宪法中明确规定。世界各国宪法均确立私人财产的法律地位，表述虽然不同，精神却是一致的。目前我国宪法是从私营经济在国民经济中的地位来表述的，无论"补充"也好，"重要组成部分"也好，均未从私人财产的角度加以阐述。对私人财产的保护仍然着重在生活资料，强调保护"合法的收入、储蓄、房屋和其他合法财产的所有权"。宪法应当明确保护一切财产权。有些人担心这样会不会把非法所得也加以保护。这种担心其实是不必要的,因为法律保护的当然是合法权利,非法取得的财产无权利可言。

不同主体的财产所有权受平等保护。主体地位平等是民法的一项基本原则。私人财产和国家财产从其所能享有的客体来看,是有所不同的,例如土地只能为国家和集体所有,不能为私人所有。但这绝不意味着私人财产与公有财产在权利性质上有所不同,有地位高低不同、保护方式不同。公司法中已经不再依主体的不同而区分不同的股权(如国家股、法人股、个人股、外资股)。民法中依主体不同来划分所有权,在世界绝大多数国家均无此做法,在我国也应当逐渐削弱,对公有财产和私人财产保护的不同表述应予取消。

对私人财产的限制和剥夺必须有法律依据。私权力和公权力的碰撞在任何一个社会都是不可避免的。与公权力相比,私权力也总是脆弱的,难以对抗强大的公权力。正因如此,各国宪法和民法的主旨就是要确立只有议会通过的法律才能对公民私人财产进行限制和剥夺的原则,政府没有法律依据是不能限制和剥夺私人财产的。这个精神在我国立法法中有所表述,立法法第八条规定:对非国有财产的征收,只能制定法律。但是,对私有财产限制和剥夺不仅限于征收,还有没收、查封、冻结等。合同法已经明确了合同的无效必须有法律和行政法规的规定。我认为,人格权法应明确限制和剥夺人身自由必须有法律的规定,物权法应明确限制和剥夺财产权必须有法律的规定。这样,民法的三大权利才有法律明确的保障。

只有社会公共利益需要时才能对私人财产实行征收。当今世界大多数国家在私人利益与社会公共利益发生冲突时都采取社会公共利益优先原则,绝对保护私人利益的时代在西方国家也已成为过去。当社会公共利益需要时,应当允许对私人财产实行征收。这个原则在我国的三个外商投资企业法中均有所规定,在土地管理法、城市房地产管理法中也有规定。这里关键的问题是:什么是社会公共利益需要?现今土地征用大多是以"社会公共利益需要"为名,而不少土地被征用后又出让给开发商进行商业性开发。法律必须明确区分公共利益和商业利益。只有公共利益需要时才能实行征收，商业利益需要时不应实行征收，而应采取政府批准后按照市场原则由用地人和土地所有权人、土地使用权人协商解决的办法。对私人财产的征用也应采取同样办法。

私人财产的征用应当严格按照法定程序进行。法律的严肃性和严格性就在于其程序。无程序即无法律。在民法典有关征用的一般规定之外应当制定一部单行法，对征用的具体办法作出程序性的规定，尤其是规定哪一级政府有权作出征收私人财产的决定。有人主张这属于县级政府的权力，有人不同意。我认为，应该根据财产性质（动产、不动产）及财产金额作不同的规定。

征收私人财产必须给予完全补偿。征收与没收不同，没收是无偿的，征收则是有偿的。但对征收如何给予补偿，却是争论极大的问题。国际上有关投资保护的规定是，对征收应给予"充分、及时、有效"的补偿。我国三个外商投资企业法中规定的是"相应的补偿"，土地管理法中规定的是"适当补偿"。"相应"、"适当"与"充分"差别很大，在实践中掌握的标准也可能极不相同，容易在群众中引起不满。法律应该有统一的规定、统一的标准、统一的解释。不合理的补偿也是一种剥夺。靠剥夺私人财产来完成城市建设和实现经济发展是不可取的，法律应当规定对私人财产的征用给予完全的补偿。

(选自《人民日报》2003 年 02 月 11 日江平文章)

个人理解

1. 文章中作者的观点，你同意哪些？不同意哪些？为什么？
2. 这篇文章有哪些你不懂的地方？画出来，留待以后解决。
3. 你认为这篇文章作者论述的脉络是否很清楚？

阅读理解

一、 请快速阅读全文,然后回答问题:

完善保护私人财产法律制度应遵循的原则是:

1. 私人财产的地位和保护_____。
2. 财产所有权_____。
3. 对私人财产的限制和剥夺
   (1) 对私人财产的征收_____。
   (2) 对私人财产的征用_____。
   (3) 征用后的补偿_____。

二、 请仔细分段阅读,完成练习:

1. 请阅读第1自然段,回答问题:
   (1) 如何从法律的角度维护社会的根基,保障社会的稳定?原因何在?
   (2) 民法是何种法律?

2. 请阅读第3和第4自然段,说明中国在保护私人财产的法律制定方面还存在哪些问题:
   (1)
   (2)

3. 请阅读第5自然段,回答问题:
   (1) 当公权力和私权力发生冲突的时候,各国从法律上是怎样处理的?
   (2) 我国在法律方面还应有哪些方面的加强?

4. 请阅读第6和第7自然段,回答问题:
   (1) 当公共利益需要时,对私人财产可以做怎样的法律规定?
   (2) 当商业利益需要时,法律应该怎样保护私人财产?
   (3) 对私人财产的征用在法律上如何体现程序性?

5. 请阅读最后一个自然段,回答问题:
   (1) 其他各国在征用私人财产补偿方面的原则是什么?
   (2) 中国的相应原则是什么?

三、 再完整地阅读一遍全文,找出文章中提到的几部法律,并说明它们的主要功用。

重点词语

1.	完善	（动）	wánshàn	to perfect
2.	遵循	（动）	zūnxún	to follow
3.	缺一不可		quē yī bù kě	everything be important
4.	动摇	（动）	dòngyáo	to shake
5.	根基	（名）	gēnjī	groundwork
6.	阐述	（动）	chǎnshù	to elaborate
7.	股权	（名）	gǔquán	stock ownership; shareholding
8.	法人	（名）	fǎrén	legal person
9.	削弱	（动）	xuēruò	to weaken
10.	碰撞	（动）	pèngzhuàng	to collide
11.	对抗	（动）	duìkàng	to confront
12.	主旨	（名）	zhǔzhǐ	substance
13.	议会	（名）	yìhuì	parliament
14.	征收	（动）	zhēngshōu	to levy upon
15.	没收	（动）	mòshōu	to confiscate
16.	查封	（动）	cháfēng	to seal up
17.	冻结	（动）	dòngjié	to freeze
18.	出让	（动）	chūràng	to remise
19.	开发商	（名）	kāifāshāng	developer
20.	协商	（动）	xiéshāng	to consult with
21.	动产	（名）	dòngchǎn	chattel
22.	不动产	（名）	búdòngchǎn	estate
23.	补偿	（动）	bǔcháng	to compensate
24.	无偿	（形）	wúcháng	free; unpaid
25.	有偿	（形）	yǒucháng	paid
26.	可取	（形）	kěqǔ	advisable; desirable

词语练习

一 词语搭配：

A	B
完善	根基
遵循	原则
动摇	力量
阐述	观点
削弱	制度

二 请选择合适的词语填空：
1. 水、阳光、空气，这些都是维持生命(缺一不可/必不可少)的元素。
2. 在两队的(对抗/抵抗)中，红队略胜一筹。
3. 这是问题的(根基/根本)所在。
4. 本来他很坚定地要与我们同行，可是女朋友的几句话，就让他(动摇/改变)了决定。
5. 两天之后，风力终于(削弱/减弱)了。
6. 他的所有非法所得都被(征收/没收/上缴)了。
7. 这篇文章的(主旨/宗旨)是强调和谐的重要性。

三 请说明"碰撞"在下列句子中的不同含义：
1. 据说，小行星要与地球发生碰撞。
2. 两种文化发生碰撞的时候，文化休克也随之产生。
3. 心与心的碰撞才是真正的沟通。

四 找出生词中所有跟法律有关的词语，并解释其含义。

五 请模仿例句造句：
1. "补充"也好，"重要组成部分"也好，均未从私人财产的角度加以阐述。

   你的句子：＿＿＿＿＿＿＿＿＿＿＿＿＿＿＿＿＿＿＿＿＿。

2. 对私人财产的保护仍然着重在生活资料。

   你的句子：＿＿＿＿＿＿＿＿＿＿＿＿＿＿＿＿＿＿＿＿＿。

3. 有些人担心这样会不会把非法所得也加以保护。

   你的句子：_____。

4. 非法取得的财产无权利可言。

   你的句子：_____。

5. 现今土地征用大多是以"社会公共利益需要"为名，……。

   你的句子：_____。

合作学习

几人一组，查找相关资料，找出宪法、民法中关于"私有财产保护"的法律细则。

一 语段写作练习:

请先阅读下面的故事,并续写完成文章。

要求:

1. 先说明自己的判断;
2. 论据;
3. 字数:200字左右。

3个探险家,A、B和C在沙漠中偶遇。A决定借机谋杀C,他偷偷在C的水壶里下了剧毒。B也想杀害C,但他不知道A已经有所行动。趁C没留神,B在C的水壶底凿了个洞而使水漏光了。当天晚上C因为缺水死在了沙漠里,离营地只有一英里。那么谁是凶手呢?如果说A是凶手,可C是渴死的,跟A下的毒药无关。如果说B是凶手,B把毒水从C的水壶里排掉,延长了他的寿命。要是没有B,C一喝下剧毒就会死亡,而不可能坚持到晚上。如果C早点儿赶到营地,他就不会死,那B就成了他的救命恩人。社会学家以此为例,指出法律的局限性;从伦理道德角度看,A和B心怀歹意,都犯了不可推卸的道德罪;而从法律角度考虑……

二 语篇写作练习:

请阅读下列条规,撰写评论文章。

要求:

1. 可就全文发表评论,也可就其中一部分条规发表评论;
2. 可阐述执行条文依据的原则、理论基础;
3. 可就条规的历史及其现实作用发表看法;
4. 字数:1000字以内。

普通高等学校学生管理规定(节选)

第一章 总则(略)

第二章 学生的权利与义务

第五条 学生在校期间依法享有下列权利:

(一)参加学校教育教学计划安排的各项活动,使用学校提供的教育教学资源；

（二）参加社会服务、勤工助学，在校内组织、参加学生团体及文娱体育等活动；

（三）申请奖学金、助学金及助学贷款；

（四）在思想品德、学业成绩等方面获得公正评价，完成学校规定学业后获得相应的学历证书、学位证书；

（五）对学校给予的处分或者处理有异议，向学校或者教育行政部门提出申诉；对学校、教职员工侵犯其人身权、财产权等合法权益，提出申诉或者依法提起诉讼；

（六）法律、法规规定的其他权利。

第六条　学生在校期间依法履行下列义务：

（一）遵守宪法、法律、法规；

（二）遵守学校管理制度；

（三）努力学习，完成规定学业；

（四）按规定缴纳学费及有关费用，履行获得贷学金及助学金的相应义务；

（五）遵守学生行为规范，尊敬师长，养成良好的思想品德和行为习惯；

（六）法律、法规规定的其他义务。

第三章　学籍管理

第一节　入学与注册

第九条　对患有疾病的新生，经学校指定的二级甲等以上医院（下同）诊断不宜在校学习的，可以保留入学资格一年。保留入学资格者不具有学籍。在保留入学资格期内经治疗康复，可以向学校申请入学，由学校指定医院诊断，符合体检要求，经学校复查合格后，重新办理入学手续。复查不合格或者逾期不办理入学手续者，取消入学资格。

家庭经济困难的学生可以申请贷款或者其他形式资助，办有关手续后注册。

第二节　考核与成绩记载

第十六条　学生严重违反考核纪律或者作弊的，该课程考核成绩记为无效，并由学校视其违纪或者作弊情节，给予批评教育和相应的纪律处分。给予留校察看及以下处分的，经教育表现较好，在毕业前对该课程可以给予补考或者重修机会。

第六节　毕业、结业与肄业

第三十一条　学生在学校规定年限内，修完教育教学计划规定内容，德、智、体达到毕业要求，准予毕业，由学校发给毕业证书。

第三十二条　学生在学校规定年限内，修完教育教学计划规定内容，未达到毕业要求，准予结业，由学校发给结业证书。结业后是否可以补考、重修或者补作毕业设计、论文、答辩，以及是否颁发毕业证书，由学校规定。对合格后颁发的毕业证书，毕业时间按发证日期填写。

第三十三条　符合学位授予条件者，学位授予单位应当颁发学位证书。

第三十四条　学满一学年以上退学的学生，学校应当颁发肄业证书。

第三十五条　学校应当严格按照招生时确定的办学类型和学习形式，填写、颁发学历证书、学位证书。

第三十六条　学校应当执行高等教育学历证书电子注册管理制度，每年将颁发的毕（结）业证书信息报所在地省级教育行政部门注册，并由省级教育行政部门报国务院教育行政部门备案。

第三十七条　对完成本专业学业同时辅修其他专业并达到该专业辅修要求者，由学校发给辅修专业证书。

第三十八条　对违反国家招生规定入学者，学校不得发给学历证书、学位证书；已发的学历证书、学位证书，学校应当予以追回并报教育行政部门宣布证书无效。

第三十九条　毕业、结业、肄业证书和学位证书遗失或者损坏，经本人申请，学校核实后应当出具相应的证明书。证明书与原证书具有同等效力。

第四章　校园秩序与课外活动

第四十二条　学生不得有酗酒、打架斗殴、赌博、吸毒，传播、复制、贩卖非法书刊和音像制品等违反治安管理规定的行为；不得参与非法传销和进行邪教、封建迷信活动；不得从事或者参与有损大学生形象、有损社会公德的活动。

第四十三条　任何组织和个人不得在学校进行宗教活动。

第四十四条　学生可以在校内组织、参加学生团体。学生成立团体，应当按学校有关规定提出书面申请，报学校批准。

第四十七条　学生举行大型集会、游行、示威等活动，应当按法律程序和有关规定获得批准。对未获批准的，学校应当依法劝阻或者制止。

第四十八条　学生使用计算机网络,应当遵循国家和学校关于网络使用的有关规定,不得登录非法网站、传播有害信息。

第四十九条　学校应当建立健全学生住宿管理制度。学生应当遵守学校关于学生住宿管理的规定。

第五章　奖励与处分

第五十三条　纪律处分的种类分为:

(一)警告;
(二)严重警告;
(三)记过;
(四)留校察看;
(五)开除学籍。

第五十四条　学生有下列情形之一,学校可以给予开除学籍处分:

(一)违反宪法,反对四项基本原则、破坏安定团结、扰乱社会秩序的;
(二)触犯国家法律,构成刑事犯罪的;
(三)违反治安管理规定受到处罚,性质恶劣的;
(四)由他人代替考试、替他人参加考试、组织作弊、使用通讯设备作弊及其他作弊行为严重的;
(五)剽窃、抄袭他人研究成果,情节严重的;
(六)违反学校规定,严重影响学校教育教学秩序、生活秩序以及公共场所管理秩序,侵害其他个人、组织合法权益,造成严重后果的;
(七)屡次违反学校规定受到纪律处分,经教育不改的。

第五十五条　学校对学生的处分,应当做到程序正当、证据充足、依据明确、定性准确、处分恰当。

第五十六条　学校在对学生作出处分决定之前,应当听取学生或者其代理人的陈述和申辩。

第五十七条　学校对学生作出开除学籍处分决定,应当由校长会议研究决定。

第五十八条　学校对学生作出处分,应当出具处分决定书,送交本人。对学生开除学籍的处分决定书报学校所在地省级教育行政部门备案。

第五十九条　学校对学生作出的处分决定书应当包括处分和处分事实、理由及依据,并告知学生可以提出申诉及申诉的期限。

第六十条　学校应当成立学生申诉处理委员会,受理学生对取消入学资格、退学处理或者违规、违纪处分的申诉。
　　　　　学生申诉处理委员会应当由学校负责人、职能部门负责人、教师代表、学生代表组成。

第六十一条　学生对处分决定有异议的,在接到学校处分决定书之日起5个工作日内,可以向学校学生申诉处理委员会提出书面申诉。

第六十二条　学生申诉处理委员会对学生提出的申诉进行复查,并在接到书面申诉之日起15个工作日内,作出复查结论并告知申诉人。需要改变原处分决定的,由学生申诉处理委员会提交学校重新研究决定。

第六十三条　学生对复查决定有异议的,在接到学校复查决定书之日起15个工作日内,可以向学校所在地省级教育行政部门提出书面申诉。
　　　　　省级教育行政部门在接到学生书面申诉之日起30个工作日内,对申诉人的问题给予处理并答复。

第六十四条　从处分决定或者复查决定送交之日起,学生在申诉期内未提出申诉的,学校或者省级教育行政部门不再受理其提出的申诉。

第六十五条　被开除学籍的学生,由学校发给学习证明。学生按学校规定期限离校,档案、户口退回其家庭户籍所在地。

第六十六条　对学生的奖励、处分材料,学校应当真实完整地归入学校文书档案和本人档案。

中华人民共和国教育部

相关链接 ▶▶▶▶

请阅读 www.iolaw.org.cn 和北京大学法学院网页。

从这一课你学到了什么?

1. _____

2. _____

第二课

学习目的

1. 内容提示：市场经济与政府干预。
2. 写作要求：经济学现象分析。

思考题

1. 什么是市场经济？
2. 市场经济的利弊各有哪些？

阅读 一

牛奶为何倒进大海？

 提示：注意文章中的事实叙述部分和议论部分。
 时间：12分钟。

谈到资本主义经济危机和腐朽，大家印象最深的就是牛奶倒进大海。那是说：英美等资本主义经济体制，会造成周期性的"生产过剩"。结果，一方面穷人在挨饿，另一方面农场主却在倾倒牛奶，社会财富的浪费,令人发指,所以说资本主义制度是腐朽的。

美国的确存在农产品过剩的现象,不仅是牛奶、奶酪、黄油等奶制品如此,橙子、柠檬、桃子等水果也是如此。正因为"牛奶倒入大海"的说法形象生动,家喻户晓,所以它所包含的误解,也就更加深入人心,成为大家对资本主义制度的基本认识。事实上,即使在美国国内,社会上也仍然普遍把这种现象错误地归咎于美国农场的"非凡生产力"。

把牛奶倒进大海,那是事实。但其中的原因,却不是大家以为的那样。很多人以为,这是由于市场经济的内在缺陷造成的,但事实恰恰相反,那是由于市场经济不彻底造成的。

世界各国的政府,对经济都有不同程度的干预。干预之下,某些团体受损,另外某些团体受惠。不知何故,农民往往总是受惠的一群,他们普遍都能争取到本国政府五花八门的扶持和补贴,而英、美、法、日等典型的资本主义国家,情况自然也不例外。

我们举美国牛奶业为例子。牛奶场产出的牛奶,可以分配于多种不同的用途,包括鲜奶、奶酪、黄油和冰激凌等。牛奶场主为了谋取最大的利益,要把牛奶适当分配到不同的用途中去。牛奶场主的决策是:限制鲜奶的产量,并把更多的牛奶用于生产奶酪和黄油等奶制品。

这么做的原因,是消费者对鲜奶有比较执著的需求,即使牛奶场主减少鲜奶的供应量,从而提高鲜奶的价格,消费者也还是愿意多花钱来维持喝鲜奶的分量。因此,牛奶场主为了增加盈利,就要限制鲜奶的供应量。

如果牛奶的总量不变,那么鲜奶减少了,其他奶制品就会相应增加。本来,为了确保在奶酪、黄油和冰激凌等奶制品上取得最大的利润,牛奶场主应该根据相同的道理,限制奶酪、黄油和冰激凌的产量。如果是这样,牛奶场的规模,就会得到有效的控

制，不至于过分扩张，而多余的土地、资金、劳动力，就会从牛奶场转移到其他收益更高的行业中去。

问题是，牛奶场主不知道使了什么招数，以牛奶场的"利益"为旗号，打动了国会议员。于是，美国国会通过立法，让美国政府高价收购过剩的奶酪和黄油。这样一来，牛奶场主就自然变本加厉，拼命提高奶酪和黄油的供应了。美国的奶酪和黄油供过于求，真正的原因就是这么平平无奇：收购价格过高，供给量就会过剩。

其他农产品的管制和扶持，情况也是如此。政府如果按照奶牛的头数来给农民颁发补贴，那么农民就会拼命养奶牛，养奶牛是为了领取补贴，而不是为了卖牛奶，所以倒掉牛奶并不稀奇；同样，政府如果高价收购奶酪，那么奶酪就会过剩。实际上，美国政府以高于出清市场的价格购买了大量奶酪，把它们藏在国库里，然后送到外国救灾，或在美国国内低价出售，或赠送给穷人。

这是个荒唐的恶性循环：农场主为了追求最大利润而限制产量，从而抬高了农产品的价格，而政府则以更高的"扶持价格"收购农产品，从而诱使农场主过量生产。整套做法的后果是：首先，政府把纳税人的金钱分给了农民和美国国内外的穷人；其次，牛奶场的规模过分扩张，奶制品因过量而产生了社会的浪费。

为什么是"社会的浪费"？因为要是政府把金钱送给穷人，那么穷人就会把金钱用在其他价值更高的地方，而不会用来品尝本来不需要品尝那么多的奶制品。

为了避免农民超量生产所造成的惊人的浪费，美国国会后来又出笼了另一种形式的价格扶持措施，那就是实施生产管制，禁止农民过量生产，而政府则给予补偿，以鼓励农民"保存土地实力"。这恐怕是一种进步，因为农场主再无须假惺惺地从事生产，而只需坐以待币，直接领取政府的补贴。问题是，为了领取补贴而故意闲置的土地，仍然是社会的浪费。

以前我们提到生产过剩的现象，都说那是经济制度的内在腐朽造成的，这么说倒也没错，问题是具体腐朽在什么地方，大家就似乎不甚了了。腐朽的地方在于：政府对农产品实施了扶持价格。

当然，经济学不作价值判断。你说这是资本主义的腐朽？可以。

说这是劫富济贫,财富的公平分配?没问题。说这是为了维护美国的国家利益,为了振兴美利坚的民族农业?悉随尊便。

经济学原理可不管这些,它只是直白地告诉你,经济政策和经济效果之间的因果关系是什么。那就是:一旦价格超过市场出清的价格,供给就会过剩;一旦价格回落到市场出清的水平,供给过剩的现象就会立即消失。这个原理四海皆准,跟资本主义与否,没什么关系。

(选自薛兆丰《牛奶为何倒进大海》,《21世纪经济报道》2001年7月23日)

个人理解

1. 看完这篇文章,你明白为什么"牛奶要倒进大海"了吗?
2. 看完这篇文章,你对农民怎么看?
3. 作者对这种经济现象持什么态度?

阅读理解

一 请快速阅读全文,画出哪些部分是作者用于叙述经济现象的段落?哪些是作者用于议论总结的段落?

二 请阅读第1和第2自然段,说明两种对造成"牛奶倒进大海"这种现象的原因的误解:
　　1. 美国国内的误解:
　　2. 中国普遍认为:

三 请阅读5—10自然段,画图说明文章的分析脉络及逻辑关系:

四　请阅读第12自然段，回答问题：
　　1. 为什么美国又出笼另一种扶持政策？
　　2. 这种扶持政策又会产生哪种后果？

五　请阅读第13自然段，说明它是与哪一个段落相呼应的？

六　请阅读最后两个自然段，说明作者的结论。

七　请根据课文内容判断对错：
　　□ 1. 大家普遍认为，英美经济危机时期出现生产过剩是社会制度和生产力太强造成的。
　　□ 2. 作者认为，所谓"市场经济不彻底"是指政府扶持价格等干预政策太多。
　　□ 3. 作者认为，美国农民拼命生产奶酪、黄油等奶制品，是为了换取政府的高收购价格。
　　□ 4. 作者认为，美国政府对奶制品的扶持价格政策实际造成了社会浪费。
　　□ 5. 作者认为，按照彻底的市场经济原理，农场主应该也同样限制黄油奶酪产量。
　　□ 6. 作者认为，不管怎样的政府干预都会有这样那样的浪费。
　　□ 7. 作者认为，经济学对政策制度是不作价值判断的。
　　□ 8. 作者认为，经济政策是有"资本主义"和"社会主义"之分的。

 重点词语

1. 腐朽	（形）	fǔxiǔ	decadent
2. 周期	（名）	zhōuqī	cycle
3. 过剩	（动）	guòshèng	to have an overabundance of
4. 令人发指		lìng rén fà zhǐ	get one's hackles up
5. 家喻户晓		jiā yù hù xiǎo	widely known
6. 干预	（动）	gānyù	to intervene
7. 受惠	（动）	shòuhuì	to receive benefits
8. 扶持	（动）	fúchí	to support

9. 谋取	（动）	móuqǔ	to strive for
10. 盈利	（动）	yínglì	to profit
11. 利润	（名）	lìrùn	profit
12. 扩张	（动）	kuòzhāng	to expand
13. 收益	（名）	shōuyì	profit
14. 招数	（名）	zhāoshù	trick
15. 收购	（动）	shōugòu	to buy
16. 变本加厉		biàn běn jiā lì	be further intensified
17. 管制	（动）	guǎnzhì	to control
18. 颁发	（动）	bānfā	to issue
19. 出清	（动）	chūqīng	to closeout
20. 出笼	（动）	chūlóng	to come forth
21. 假惺惺	（副）	jiǎxīngxīng	hypocritically
22. 闲置	（动）	xiánzhì	to leave unused
23. 不甚了了		bú shèn liǎoliǎo	do not know much about
24. 劫富济贫		jié fù jì pín	rob the wealth to aid the needy
25. 振兴	（动）	zhènxīng	to develop vigorously
26. 悉随尊便		xī suí zūn biàn	be up to you
27. 回落	（动）	huíluò	(of water levels, prices, ect.) fall after a rise; drop

词语练习

一 词语搭配：

A	B
谋取	公司
收购	民族工业
颁发	回落
振兴	利益
资源	证书
价格	领土
扩张	过剩
产量	闲置
政策	出笼

二 请选择合适的词语填空：

1. 政府决定在新的一年里，严厉打击(腐朽/腐败)行为,提倡廉政。
2. 有些疾病是需要抗生素(干预/干涉)治疗的。
3. 我们今后的发展目标是大力(扶持/扶助)地方性第三产业发展。
4. 比武的时候,霍元甲变换不同的(招数/办法)与对手过招。
5. 这个路段要举行重要活动,正在实行交通(管制/限制)。

三 请用下列词语填空：

周期　令人发指　家喻户晓　变本加厉
假惺惺　不甚了了　劫富济贫　悉随尊便

1. 来还是不来,(　　　　), 我们不作硬性规定。
2. 从监狱出来,他不但没有改掉偷窃的毛病,反而更加(　　　　)了。
3. 绿林英雄罗宾汉专门(　　　　),人们称之为"侠盗"。
4. 人的情绪都有(　　　　)性的高涨与低落。
5. 对他的行踪,说实话我也(　　　　),说不清楚。
6. 他杀害了她全家,其手段之残忍,(　　　　)。
7. 别(　　　　)地哭了,其实你一点也不伤心,何必装相呢?
8. 这本小说非常流行,可以说到了(　　　　)的地步。

四 请把课文和生词表中出现的所有跟经济有关的词语找出来。

五 请模仿例句造句：

1. 即使在美国国内,社会上也仍然普遍把这种现象错误地归咎于美国农场的"非凡生产力"。

    你的句子：_____。

2. 以牛奶场的"利益"为旗号,打动了国会议员。

    你的句子：_____。

请查找中国中学政治课本,找到"牛奶倒入大海"这一章节,阅读并了解相关内容。

思考题

1. 交通跟经济学有关系吗？如果有，有哪些关系？
2. 你认为高昂的收费对缓解交通有帮助吗？

阅读 二

交通堵塞经济学

提示：注意文章中的一些经济类译文长句。

时间：11分钟。

当你在高峰时间驾车行驶在高速公路上，或是在一座大城市的主要街道上时，你会发现自己不是在缓慢地行驶，便是干脆停滞不前。在洛杉矶，过去常有种说法，说是每条新建成的快车道在开通的那天便是废弃不用的，为什么？因为交通堵塞。在美国，高峰时间的交通堵塞问题差不多是每座城市共同的一个严重问题。提出的解决方案往往是建造更多的高速公路、慢车道、免费高速干道、快车道、桥梁之类的设施。

这种假定的道路滥用原因何在？答案不难寻找，最主要的是在高峰时间驾车的个人并未被直接索取更多的货币代价，以便在特定时间使用被称为道路的资源。然而，许多其他资源的使用者在高峰期内被索取较高的价格。或者，他们可以在非高峰期内以较低的价格使用该资源。

例如，许多影剧院备有梯度价格时间表，对于比如说下午2点以前开始演出的场次收取较低的价格，而在下午2点至6点之间的场次收取较高价格。下午6点以后的百老汇戏剧、音乐会之类，索取最高水平的价格；周末比平时或白天的演出要索取更高的价格。许多餐馆向下午5点至7点之间的顾客提供所谓"早鸟"特价餐,此时食物和饮料的价格比晚些时候便宜。

但是对于道路的使用来说,情形通常并非如此。如果你决定在早上8点驱车去上班,你支付与早上6点半离家所支付等额的名义价格,而那一名义价格是零。

但是,堵塞的确向社会施加了一种成本,该成本就是使每个人在堵塞期间内行驶所花费的额外时间。换言之,当旅行者在高峰期往返他们的目的地时,承受着增加的边际成本(其他成本,例如道路维修,也许也会增加,但是我们在此将不涉及这些问题)。

几年前,有人做过一项研究,以美分/车(英里)来比较在高峰期、临近高峰期和非高峰期之间的边际成本差异,该研究的重点是旧金山的高速公路系统。

成本是以高速公路上增加的每车/公里衡量的。在高峰时每车/公里的边际成本为38.1美分,在临近高峰期为8.9美分,在非高峰期为7.7美分。显然,由于交通堵塞产生的边际成本是很大的。

如果这是一般情形,解决这一难题的一个方案,难道不可以是向在高峰期间使用这一道路资源的用户索取更高的价格吗?回答当然是可以。然而,在寻找一种现实的途径,以便向高峰期间的车辆征收较高价格时,又产生了新的难题。在已经征收了过桥费的桥梁处,这将是较为容易的,因为该机制多半是适宜的。桥梁管理者只需向那些在早上和晚上高峰期间使用桥梁的用户提高价格,或者可以选择向那些在非高峰期间使用桥梁的用户降低价格。

在多数场所,使用的方法恰恰相反,即一种反向的高峰负荷定价,以月票的形式发生效力。出售通过桥梁的月票册,该月票使得每单位价格低于每次单独过桥所付费用。鉴于月票册的购买者就是通常在高峰期间过桥的用户,这一制度实际上助长了个人在高峰期间过桥的行为。

高速公路、快车道之类展示了一个更为困难的问题。因为这些道路的绝大多数不是收费道路，要演化成一个新的收费系统，在收费亭旁就一定会出现堵塞。目前，高速公路的使用费是通过对汽油购买收取附加费的体系间接支付的，汽油的购买是根据行驶的英里数的比例为标准的。因此从根本上说，每个人为高速公路使用的每英里支付统一的费用。奔波于被堵塞的快车道上的驾车人，与星期天行驶在乡村的人要支付同等数额的价格。

任何试图为使用高速公路而征收高峰负荷定价附加费的制度一定会引起一些愤怒。有一种论点总是说：只有那些较为富裕的人才能从中获益，因为只有他们能付得起在高峰期间通向未堵塞的高速公路所需的费用。当然，这一论点忽视了合乘汽车的可能性，以及集体运送的替代方案。但是，主要的障碍是实施中的障碍。结果是，多数国家几乎未付出努力去实施任何堵塞定价制度。

交通堵塞向那些选择在高峰期间驾车的人加以较高的边际成本。交通堵塞持续出现，因为被称为道路的资源并未实行差别定价，以适应高峰期与非高峰期之间的需求变化。对收费桥梁与道路的一种解决方案是，征收高峰期间附加费，以减少在高峰期间使用的数量。仿照新加坡的范例，很多城市的中心可以减少交通堵塞，此举是建立一种地区许可证制度。在进入受控制的闹市区时，要求有特别许可。向驾车者增加直接的货币边际成本，会削减在高峰期间行驶在中心地段的需求数量。

(选自道格拉斯·C.诺思、罗杰尔·L.米勒《我们身边的经济学》)

个人理解

1. 你觉得作者的观点论述得很清楚吗？
2. 你同意作者解决交通拥堵问题的方法吗？
3. 你对文章中哪一部分印象最深？

阅读理解

一 请快速阅读全文,完成练习:

1. 找出作者的主要论点。
2. 作者是通过哪几个方面来展开论述他的观点的?
3. 找出文章中作者的计算部分,以及利用这些计算得出的几个结论。

二 请仔细阅读第2—4自然段,用自己的话给这三段文章写一个摘要(50字以内),内容包括:

1. 作者的观点。
2. 例证:
   (1) 其他方面的例证
   (2) 道路方面的例证

三 请阅读第5—7自然段,回答问题:

1. 什么是堵车的"边际成本"? 在高峰、临近高峰、非高峰期堵车的边际成本各为多少?
2. 用你自己的语言解释什么是"边际成本"?

四 请阅读第8—10自然段,回答问题:

1. 在高峰期间向道路使用者收取费用,对哪一部分是适宜的?
2. 为什么月票的形式是一种反向的高峰负荷定价?
3. 在高速公路和快车道收取费用为什么是一个很难操作的问题?

五 请阅读最后两个自然段,回答问题:

1. 作者认为之所以没有实行他所提出的收费解决方案,主要原因是什么?
2. 作者的结论是什么?

重点词语

1.	停滞不前		tíngzhì bù qián	stagnate
2.	设施	（名）	shèshī	facility
3.	滥用	（动）	lànyòng	to abuse
4.	索取	（动）	suǒqǔ	to demand
5.	梯度	（名）	tīdù	grads
6.	场次	（名）	chǎngcì	number of showing of film etc.
7.	特价	（名）	tèjià	special offer
8.	驱车	（动）	qūchē	to drive
9.	支付	（动）	zhīfù	to pay
10.	等额	（名）	děng'é	equated quantum
11.	施加	（动）	shījiā	to exert
12.	额外	（形）	éwài	additional
13.	机制	（名）	jīzhì	system
14.	负荷	（名）	fùhè	burthen
15.	效力	（名）	xiàolì	effectiveness
16.	助长	（动）	zhùzhǎng	to help; to encourage
17.	演化	（动）	yǎnhuà	to evolve
18.	奔波	（动）	bēnbō	to rush about
19.	从中获益		cóng zhōng huò yì	get profit from sth.
20.	范例	（名）	fànlì	example
21.	许可	（动）	xǔkě	permit
22.	削减	（动）	xuējiǎn	to cut
23.	地段	（名）	dìduàn	section of an area

词语练习

一　请用下列词语填空：

停滞不前　滥用　索取　驱车　施加
助长　奔波　从中获益　额外

1. 这个政策一旦付诸实施，多数人会（　　　　　）。
2. 调查表明，现在（　　　　　）抗生素的现象非常严重。
3. 应对方的邀请，周末我们（　　　　　）前往海滨参加他们的聚会。
4. 工作就是一件辛苦的事，终日（　　　　　），也未必会有所得。
5. 升入了中级班以后，我觉得我的汉语水平就（　　　　　），再也没有什么进步了。
6. 这样一味地满足孩子的所有要求，会（　　　　　）他的贪婪之心。
7. 通过联合国向 A 国（　　　　　）压力，也许能有所帮助。
8. 爱人之间，不能只有（　　　　　），而没有回报。
9. 一个月只有这些基本的工资，没有其他的（　　　　　）的收入。

二　请选择合适的词语填空：

1. 最近学校又新购进了一批教学（设施/设备）。
2. 长久以来，他一直就是超（负荷/负担）工作。
3. 这个 DVD 光盘的（效力/效果）很差。
4. 今年的财政预算中，国防经费被大幅（削弱/削减）了。

三　请用自己的话，解释下列句子的意思：

1. 高峰时间驾车的个人并未被直接索取更多的货币代价，以便在特定时间使用被称为道路的资源。

   你的理解：＿＿＿＿＿＿＿＿＿＿＿＿＿＿＿＿＿＿＿＿＿＿＿＿＿＿＿＿＿。

2. 如果你决定在早上 8 点驱车去上班，你支付与早上 6 点半离家所支付等额的名义价格，而那一名义价格是零。

   你的理解：＿＿＿＿＿＿＿＿＿＿＿＿＿＿＿＿＿＿＿＿＿＿＿＿＿＿＿＿＿。

3. 堵塞的确向社会施加了一种成本,该成本就是使每个人在堵塞期间内行驶所花费的额外时间。

你的理解:_____。

4. 在多数场所,使用的方法恰恰相反,即一种反向的高峰负荷定价,以月票的形式发生效力。

你的理解:_____。

5. 向驾车者增加直接的货币边际成本,会削减在高峰期间行驶在中心地段的需求数量。

你的理解:_____。

请合作做一项市场调查,分析数据,得出结论:你认为目前如果在北京投资,收益最快、最大的,风险最小的项目是什么?

一 语段写作练习：

请把下面的一段文章翻译成中文，注意句子结构要符合汉语句式习惯。

Organizations from overseas in China are not permitted to promote foreign exchange business unless approved by the China Banking Regulatory Commission, the commission said here on Monday.

In an announcement the commission said an online service was also prohibited. "The Chinese laws and regulations do not protect such businesses and consumers should take care."it said.

The commission said the reason it issued such an announcement was that it had recently found foreign organizations promoting their foreign exchange business online or when holding seminars and training projects.

"This act has violated Chinese regulations and the cases in which consumers suffer losses have occurred." the commission said.

二 语篇写作练习：

请以"为什么不排队"或者"排队经济学"为题，写一篇经济学小论文。
要求：
    1. 从计算"不排队"的成本和收益的角度论述这个问题；

2. 结构要求：
   (1) 开头一段要明确写出要论述的现象；
   (2) 从经济学的角度计算、论证；
   (3) 通过论证、计算，得出结论或者解决方案。
3. 字数：1000字以内。

 相关链接 ▶▶▶▶

请查找"中国十大经济学家"，了解他们。

从这一课你学到了什么？

1. _____

2. _____

第三课

学习目的

1. 内容提示：市场与营销策略。
2. 写作要求：市场分析、调查报告。

思考题

1. 作为消费者，你是不是喜欢东西越便宜越好？
2. 你觉得企业之间哪些竞争手段是不正当的？

阅读

价格战——应适可而止的双刃剑

 提示：根据上下文猜测生词意思。
时间：10分钟。

价格战兵行各大商业主战场，将一场场残酷的肉搏交锋演绎得如火如荼。那么，谁是这场浩劫的发难者？驱使价格战南征北战的真正动因又是什么呢？

价格战并不是厂商一时的冲动。真正意义的价格战场上,始终活跃着四大行为主体:政府、消费者、商家、厂家。迫使价格战举棋发难的真正原因便缘于这其间错综复杂的利益关系,而其真正的幕后操纵者也可由此间一见端倪。

政府,作为游戏规则的建立和维护者,在市场经济倡行公平竞争的今天,早已退居二线,操纵价格战已不现实。而消费者,在价格战中,自然就扮演着"战利品"的角色。作为竞争双方争相抢夺的胜利果实,其只能被动地作为归属对象,竟然连起码的发言权也不具备,其"战犯"的嫌疑也几可排除。这样剩下的活跃在商战前台的厂家和商家似乎就难脱干系了。

有专家认为,目前常见的价格行为主要有三种:一是厂家发动的大范围、全面的降价行为;二是商家发动的价格行为;三是不可思议的价格游戏。

但如今商界千夫所指、人气最盛的还要数商家。形形色色、花样繁多的价格战,几乎成了每一个卖场操盘手的基本功。降价给商家带来的绝不仅仅是特价商品的疯狂采购。在不少超市,因降价行为而带来的人流量的增加,事实上给整个购物中心的其他产品带来了商机。有业内人士一语道破天机:以果蔬带动肉类,以肉类带动面包,以面包带动食品,以食品带动非食品。而对每一个商家来说,非食品尤其是大宗物件才是他们真正的利润来源。于是,"丢卒保车"这一为各商场掌门人喜闻乐见的经营手法的趋同便成了价格战的直接诱因,这也一度使商家排在了嫌疑名录的最前沿。而最近,以国美为首,依仗大批量采购、强有力的推广能力和进价相对偏低或返利相对较高,而使售价低于同业竞争者的超级终端,为吸引消费者,将商界的价格战再度升级。这使商家的舆论支持度几乎为零。

事实上,厂家和商家充其量只是傀儡式的台前小生。真正的幕后操纵者不是厂家也不是商家,而是市场的无形之手——供求规律。这里的供求规律,包括整个社会的产品积压和消费者有效需求的不足的根本性的大环境，也包括商场尤其是优秀卖场面对众多供应商的相对不足。于是，实际的表现中，便有了点燃全行业降价烽火的长虹价格大战，有了狂耍大规模采购、大规模销售、低价立市"三板斧"的国美价格风暴，有了如今在商界争论不休唾沫横飞的厂商利益关系重整……

价格战作为一种供大于求状况下行业升级、优胜劣汰的集体行为，是有其存在的确定意义的。但作为一把双刃剑，还应适可而止，否则过犹不及。

价格战的左倾，早已使战场病莩遍地。

对于政府而言，作为游戏规则的制定者和监护人，早已被接连不断的越轨行为搅得焦头烂额，这不但无端增加了管理成本，而且由于市场正常秩序的扰乱，部分既得利益也白白流失。

对于厂家而言，尽管从长期来看，价格战可以提升企业的管理水平和竞争能力，同时也可提高行业的综合素质。如2002年上半年，国内的六大知名家电品牌：长虹、TCL、康佳、创维、海信、海尔的市场份额达到了66.7%，这说明，经过价格战的洗礼，彩电向品牌化集中，彩电行业已经步入了品牌消费时代。但短期来看，企业还需度过一段痛苦的坚冰期。由于渠道价格战的干扰，企业流通在渠道中的产品常就此搁浅、贱价销售。由此生发出一系列工商关系的不愉快，使不少厂家"为他人做嫁衣"，厂家无端地成为了商家借以赢利的杠杆。由此看来，价格战的阴霾也重重封锁着厂家的天空。

对于消费者而言，此起彼伏的价格战，是否就能让消费者渔翁得利呢？未必。价格战的不理智对商界竞争环境的伤害更甚于价格游戏。价格战一旦出轨，商家理性的竞争行为将就此失控。如果说价格游戏还是商家浮动在赢利线上的价格行为，那么失控的价格战，则完全将这种经营最基本的原则抛之脑后。

尽管不少专家认为，在价格战中，商家永远是赢家。然而事实上，无休无止的价格战，已使商家走上了恶性竞争的不归路。价格战的透支未来，已使消费者的购买热情日益消减。商家要完成预定销量，需要付出更大的成本。很多商家坦言：不打价格战是等死，打价格战是找死。这使商家很无奈。在价格战的风雨中，商家品牌战略无从谈起，承诺服务难以兑现，利润大量流失，商界诚信如冬日枯叶颤巍巍地在枝头飘摇。价格战让商家在虚伪的喝彩声中独自感伤。

这是一个全输的格局。

战争无赢家。价格战,亦是如此。

(选自新浪网 2005 年 10 月 18 日)

个人理解

1. 读这篇文章的时候,你觉得难吗?难在哪里?
2. 你对文章中作者论述的哪一部分印象最深?
3. 你最喜欢或最不喜欢作者写的哪些比喻?

阅读理解

一、请快速阅读全文,给文章划分段落,然后总结每段段落大意。

二、请阅读第 2—6 自然段,根据文章内容,判断对错:

☐ 1. 作者认为,价格战的产生是找不出什么原因的,就是因为厂家心血来潮想降价。

☐ 2. 作者认为,操纵价格战的是市场规律,厂家和商家最多算是执行者。

☐ 3. 作者认为,在价格战的争夺中,政府的控制地位已经日渐减弱。

☐ 4. 作者认为,在价格战的争夺中,消费者是最大的受益者。

☐ 5. 作者指出,价格战最大的支持者和实行者是商家,他们可以从降价的商品身上直接获得巨大利润。

☐ 6. 作者认为,几乎没有人支持商家的超级降价行为。

三、请阅读第 8—12 自然段,总结:

价格战对政府、消费者、厂家、商家的影响。

四 请再次快速阅读全文,根据提示,跳过借用词语,用自己的话给这篇文章写一个100字以内的摘要,内容包括:

1. 价格战产生的原因;
2. 在价格战中的四大利益主体;
3. 价格战的主要手段;
4. 价格战的影响。

 重点词语

1. 适可而止	shì kě ér zhǐ	stop where it should stop
2. 双刃剑 （名）	shuāngrènjiàn	sword with both-side blade
3. 肉搏 （名）	ròubó	a close battle
4. 交锋 （动）	jiāofēng	to cross swords; to fight
5. 如火如荼	rú huǒ rú tú	like a raging fire
6. 浩劫 （名）	hàojié	catastrophe
7. 发难	fā nàn	to rise in revolt
8. 南征北战	nán zhēng běi zhàn	fight all over the country
9. 端倪 （名）	duānní	clue
10. 战利品 （名）	zhànlìpǐn	trophy
11. 战犯 （名）	zhànfàn	war criminal
12. 嫌疑 （名）	xiányí	suspicion
13. 干系 （名）	gānxì	implication
14. 千夫所指	qiān fū suǒ zhǐ	be subjected to the censure of every body
15. 操盘手 （名）	cāopánshǒu	person who manipulates
16. 掌门人 （名）	zhǎngménrén	person who controls the organisation
17. 喜闻乐见	xǐ wén lè jiàn	love to see and hear
18. 返利 （名）	fǎnlì	interest refunded
19. 傀儡 （名）	kuǐlěi	puppet
20. 积压 （动）	jīyā	to overstock
21. 过犹不及	guò yóu bù jí	going too far is as bad as not going for enough

22. 左倾	(形)	zuǒqīng	left-leaning
23. 病莩	(名)	bìngpiǎo	ill and starving masses
24. 越(出)轨	(动)	yuè(chū)guǐ	to exceed the bounds
25. 焦头烂额		jiāo tóu làn é	terribly defeated
26. 坚冰	(名)	jiānbīng	hard ice
27. 搁浅	(动)	gēqiǎn	to be grounded
28. 杠杆	(名)	gànggǎn	lever
29. 阴霾	(名)	yīnmái	haze
30. 渔翁得利		yúwēng dé lì	profit at other's expense
31. 透支	(动)	tòuzhī	to overdraft
32. 兑现	(动)	duìxiàn	to encash

词语练习

一 作者在文章借用了很多其他方面的专业词语,请根据提示,完成下列练习:

1. 作者用得最多的是军事方面的词语:
   (1) 根据提示完成下面的段落。
      ① 作者把价格方面的竞争说成是一场_____。
      ② 作者认为消费者是_____,不是_____,意思是说在降价竞争中,消费者只能_____,不能_____。
      ③ 作者认为,价格竞争有好处,但同时又都有伤害,所以他称之为一把_____。
      ④ 作者说,在价格竞争中,"病莩遍地",是用来比喻_____。

   (2) 找出作者在文章哪一部分用了下列词语,并说明这些词语的原意和在课文中的意思。
      ① 肉搏 交锋 南征北战
      ② 烽火
      ③ 搁浅

2. 作者还用到其他方面的词语,请找出下列词语所在,并说明它们是哪个行业的专业词语,在这里是什么意思?
   (1) 嫌疑
   (2) 操盘手
   (3) 掌门人
   (4) 左倾
   (5) 交锋
   (6) 阴霾
   (7) 透支
   (8) 傀儡
   (9) 杠杆
   (10) 丢卒保车

3. 作者还用到一些其他常用的俗语、说法,请找到下列俗语在课文中所在,并解释其意思。
   (1) 一语道破天机
   (2) 为他人做嫁衣
   (3) 狂耍……的三板斧
   (4) 走上……不归路

二 请用下列生词填空:

适可而止　如火如荼　千夫所指　不可思议
过犹不及　焦头烂额　渔翁得利　一见端倪　喜闻乐见

1. 一场旨在"植树造林,造福后代"的活动正在这里(　　　)地展开。
2. 我们静观其变吧,让他们争,也许我们能(　　　)呢。
3. 大卫的魔术真是太(　　　)了,令人难以相信。
4. 任何事做得太过,其后果跟不做是一样的,正所谓(　　　)。
5. (　　　)吧,别逼人太甚了。
6. 最近事太多了,搞得我(　　　)的。
7. 秦桧,这个历史的罪人,(　　　),怎么会有人想给他翻案呢?
8. 为什么他变成这样,从他的经历中我们可以(　　　)。
9. 要大力开展这些群众(　　　)的活动。

三 词语搭配：

A	B
激烈	干系
发动	发难
排除	行为
摆脱	交锋
透支	体力
兑现	浩劫
越轨	承诺
率先	嫌疑
打破	坚冰

四 请模仿例句造句：

1. <u>驱使</u>价格战南征北战的真正<u>动因</u>又是什么呢？

   你的句子：＿＿＿＿＿＿＿＿＿＿＿＿＿＿＿＿＿＿＿＿＿＿＿。

2. <u>迫使</u>价格战举旗发难的真正原因便<u>缘于</u>这其间错综复杂的利益关系。

   你的句子：＿＿＿＿＿＿＿＿＿＿＿＿＿＿＿＿＿＿＿＿＿＿＿。

3. <u>以国美为首</u>……

   你的句子：＿＿＿＿＿＿＿＿＿＿＿＿＿＿＿＿＿＿＿＿＿＿＿。

4. 这不但<u>无端</u>增加了管理成本……

   你的句子：＿＿＿＿＿＿＿＿＿＿＿＿＿＿＿＿＿＿＿＿＿＿＿。

5. 价格战的不理智对商界竞争环境的伤害<u>更甚于</u>价格游戏。

   你的句子：＿＿＿＿＿＿＿＿＿＿＿＿＿＿＿＿＿＿＿＿＿＿＿。

合作学习

请合作讨论，然后总结本组看法：
你们个人认为：价格战的利弊有哪些？

思考题

1. 如果毕业后进入公司工作,你愿意进入本土公司还是外资企业?
2. 你觉得什么样的公司是成功的?

阅读 二

LG:中国市场的制胜之道

 提示:注意文章中一些口语词汇的活用。
时间:10分钟。

有一家特殊的外资企业,它对自己的解释是:世界、未来、年轻、人才、技术。这家深谙中国文化精髓和消费者心理的外资企业就是LG。

一说到LG,我们总能生出另类的感觉,这种另类不是来自于它的外资身份,而是来自于它的"不合群":明明是洋血统,却偏偏要说自己是中国土著——LG的领导们最爱对中国媒体说的一句话就是:"在中国,LG不是韩国的LG,而是中国的LG。"明摆着洋品牌的贵族身份不要,偏偏和中国品牌打成一片;在别的洋品牌对价格战作壁上观的时候,它和中国企业拼得你死我活。

这就是LG,虽然这不是LG个性的全部。

1993年,LG正式进入中国。但是,在过去的十年里,LG在中国一直是亏损的。"我们用韩国的赢利补中国市场。"LG高层这样说。但是,这种状况正在改变,过去的十年是打基础的十年,现在到爆发的时候。LG高层多次信誓旦旦地说:LG所有的产品都要进入前三名,已经进入前三名的要争取做第一名。

用长达十年的时间来打基础,构筑中国市场战略,这并不是任何企业都能做到的,而LG做到了。LG对中国市场用功、用心之深,由此可见一斑。这很容易让人想起"十年磨一剑"的诗句。

长期以来,外资企业习惯于把自己当成中国市场的"插班生",虽然口头上都在宣称本土化,但是,真正能够融入中国市场的并不多。真正的本土化有个四个衡量标准,那就是生产经营本土化、科研开发本土化、管理人才本土化、市场观念本土化。虽然越来越多的外资企业实现了中国本土生产、本土经营,乃至本土研发,但是,在高层管理者本土化方面做的并不怎么好,至于以中国企业的市场观念经营市场,则几乎为所有外资企业所拒绝。在他们看来,中国企业的经营思路有问题,为了市场可以不要利润。所以,他们在经营中国市场的时候,看起来更像是一个看客、一个旁观者,有水土不服症状。

LG却是融入中国市场最早也最深的外资企业。自1993年进入中国市场到2002年,LG逐年加大在中国的投资,除了目前的手机项目之外,家电产品、日化、化工、建筑材料等产业几乎都是这一时期上马的项目。到2002年成立中国技术研发中心,2003年动工兴建LG中国总部大厦,其"生产——技术——决策中心"逐步移师中国的发展轨迹相当明显,对中国的渗透越来越深。

也许,今天中国的同行还没有感觉到来自LG的压力有多么大,但是,当我们发现这个企业蓄谋已久地将自己定位于"一个中国企业"的时候,我们不觉得这是一件可怕的事情吗?你以为LG真的就是一家本土企业吗?本土企业是什么?是加工型企业,甚至连制造型企业都谈不上,更毋宁说什么核心技术,其品牌影响力也是区域性的(相对于"全球品牌"来说,中国名牌也是"中国区域品牌");LG呢?在相当多产业领域已经做到全球前几名。这样一个具有全方位、综合优势的企业,当它虎视眈眈地要在在中国市场大展身手的时候,我们不觉得是相当可怕的一件事情吗?

前几年,在说到中外企业的比较优势时,中国的企业家们爱说这样的话：我们拥有成本优势，我们的劳动力成本比他们低。当有一天我们发现几乎所有的外资企业都在中国实现了本地采购、本地生产、本地销售的时候，中国的记者再次提问：中国企业和外资企业相比，优势到底在哪里？中国的老板们改变了答案：我们拥有营销优势，因为我们比他们更了解中国消费者。这几乎成了中国企业的标准答案。

但是，这个答案的标准性正在因为LG中国策略的改变再次陷于迷离。"当有一天LG这样的外资企业也学会了中国企业的操作模式，我们的营销优势在哪里？"有人追问。

的确，曾经长期"水土不服"的洋品牌终于放下架子和中国品牌展开肉搏的时候，中国企业还有优势吗？

中国企业的"盛世危言"岂止营销优势正在受到挑战，如果我们把家电产业看成一条完整的产业链的话，我们的劣势几乎是全方位的。中国企业在标准的制定，核心技术、专利技术的拥有，核心模块生产与供应，整机生产四大环节上，只不过在"整机生产"上有一点优势可言，其他几个方面基本上全部处于"失语"状态。所以，中国企业今天的风光，并不意味着明天的灿烂。

(选自《销售与市场》2005年2月)

个人理解

1. 读完这篇文章之后，你对LG公司有了哪些初步的了解？
2. 你同意作者关于LG和中国企业的分析吗？

阅读理解

一 请阅读第 1 和第 2 自然段,回答问题:

在这段,作者用了_____句式,说明 LG 公司在中国最大的经营特点是_____,其具体表现是_____。

二 请阅读第 3—6 自然段,总结:

1. 十年来,LG 在经营策略、经营目标上的发展轨迹是什么?
2. 这种决策带来的结果是什么?
3. 外资企业进入中国后的一个通病是什么?

三 请阅读第 7 自然段,回答问题:

为什么作者认为 LG 并不是其一直宣称的"本土企业"?

四 请阅读最后三个自然段,回答问题:

1. 作者认为,LG 的中国策略的改变看出中国企业有哪些不足之处?
2. 你同意作者的这些看法吗?

五 请快速阅读全文,总结这篇文章的中心意思:

本篇文章通过分析总结 LG 公司_____,并且将其与其他外资企业的_____进行对比,以此对中国企业_____。

六 请根据文章内容,理解下列句子的意思:

1. "偏偏和中国品牌打成一片。"这句话的意思是:

    a. 偏偏和中国品牌进行竞争
    b. 偏偏对中国品牌进行打击
    c. 偏偏和中国品牌实行融合
    d. 偏偏侵占中国品牌市场

2. "在别的洋品牌对价格战作壁上观的时候。"这句话的意思是:
   a. 在别的洋品牌对价格战持观望态度的时候
   b. 在别的洋品牌对价格战进行市场调查的时候
   c. 在别的洋品牌对价格战进行批评的时候
   d. 在别的洋品牌对价格战持轻视态度的时候

3. "外资企业习惯于把自己当成中国市场的'插班生'。"这句话的意思是:
   a. 外资企业一直积极参与中国市场
   b. 外资企业一直跟中国市场格格不入
   c. 外资企业一直占据中国市场的主流
   d. 外资企业一直比中国企业的规模小

4. "洋品牌终于放下架子和中国品牌展开肉搏的时候。"这句话的意思是:
   a. 洋品牌终于离开中国市场,不和中国品牌竞争的时候
   b. 洋品牌终于被中国品牌架空,没有能力竞争的时候
   c. 洋品牌终于有能力和中国品牌竞争的时候
   d. 洋品牌终于不再高高在上,而是跟中国品牌一起竞争的时候

5. "只不过在'整机生产'上有一点优势可言,其他几个方面基本上全部处于'失语'状态。"这句话的意思是:
   a. 其他几个方面全部没有能力销售
   b. 其他几个方面全部都没有发言权
   c. 其他几个方面全部处于瘫痪状态
   d. 其他几个方面全部机器失灵

 重点词语

1.	深谙	(动)	shēn'ān	to understand deeply
2.	精髓	(名)	jīngsuǐ	marrow
3.	另类	(形)	lìnglèi	special
4.	合群	(动)	héqún	to get along well with others
5.	血统	(名)	xuètǒng	bloodline

6. 土著	（名）	tǔzhù	aborigines
7. 亏损	（动）	kuīsǔn	to loss
8. 爆发	（动）	bàofā	to break out
9. 信誓旦旦		xìnshì dàndàn	vow solemnly
10. 可见一斑		kě jiàn yī bān	from this you can see
11. 水土不服		shuǐtǔ bù fú	climate sickness
12. 上马	（动）	shàngmǎ	to start (a project)
13. 移师	（动）	yíshī	to change to another place to do
14. 蓄谋已久		xùmóu yǐ jiǔ	premeditate long
15. 虎视眈眈		hǔshì dāndān	strong powers are waiting all sides
16. 采购	（动）	cǎigòu	to buy; to purchase
17. 迷离	（形）	mílí	misted
18. 盛世	（名）	shèngshì	flourishing age
19. 危言	（名）	wēiyán	alarm words
20. 专利	（名）	zhuānlì	patent
21. 模块	（名）	mókuài	module
22. 风光	（名）	fēngguāng	dignity

词语练习

一 请用本课生词替代句子中画线部分：

1. 你是北京地道的本地人吗？（   ）
2. 他这个人，就是跟所有人都合不来。（   ）
3. 这个人的性格很特别，跟普通人不一样。（   ）
4. 他极其了解追求女孩子的方法。（   ）
5. 最近又有一个项目开始启动了。（   ）

二 请用下列词语填空：

  精髓 爆发 风光 迷离 移师

1. 获得出线资格的球队将（   ）上海参加决赛。
2. 要想掌握一种文化的（   ），一辈子的时间都不够。

3. 鲁迅说过,不在沉默中(　　　),就在沉默中死亡。
4. 年轻的时候,她是个美女,在大学里真可以说是(　　　)无限。
5. 他的眼神已经(　　　)了,看起来累得不行了。

信誓旦旦　可见一斑　蓄谋已久　虎视眈眈

6. 所有人都(　　　)地盯着市场这块大蛋糕,都想从中获利。
7. 还记得他(　　　)地对你说"我一定娶你"吗?现在看来都是谎话。
8. 这是一场(　　　)、计划周密的恐怖活动。
9. 全球最大的手机市场在中国,从人手至少一部手机这种现象就(　　　)。

三　**请模仿例句造句:**

1. <u>明摆着</u>洋品牌的贵族身份不要,<u>偏偏</u>和中国品牌打成一片。

   你的句子:_____。

2. <u>本土企业是什么</u>?是加工型企业,<u>甚至连制造型企业都谈不上</u>,<u>更毋宁</u>说什么核心技术。

   你的句子:_____。

3. 中国企业的"盛世危言"<u>岂止</u>营销优势正在受到挑战。

   你的句子:_____。

合作学习

请合作讨论,然后总结本组看法:
你们个人认为外资企业本土化的优势和劣势有哪些?

一 语段写作练习：

请阅读下面文章，找出文章中所用的其他行业的专业词语，说明它们的本义和在文章中的意思。

青岛啤酒、燕京啤酒京城巅峰对决

鏖战刚刚开始

在青啤进京4个多月之后，北京啤酒市场的攻防大战正式拉开序幕。作为兵家必争之地，北京虽然云集了20多个国际国内品牌，但是除了在高端市场上青岛、百威、科罗娜超过燕京外，低端市场上燕京几乎是一统江山。

2005年啤酒市场的竞争将围绕企业重新整合和细分市场的巷战而展开，北京作为一个战略性的城市，也必将引起全国啤酒大鳄们的关注。

燕京啤酒在北京占尽天时、地利和人和，在所有进入者面前形成了一座坚不可摧的堡垒。华润雪花啤酒虽将营销中心搬到北京，但迟迟没有发动北京攻略。去年初，北京啤酒在日本朝日啤酒的扶持下，也宣称进军家庭消费市场，但目前实力还与燕京相差甚远。

就青啤来说，目前在华南和西北地区市场占有率较高，在北京的市场占有率较低。此次青啤与燕京会猎京城，决心不小。

与三年前比较，如今全国的啤酒格局已经发生了较大变化，尽管以青啤、燕京、华润三大啤酒巨头主领国内市场格局的局面没有变，但是啤酒巨头之间内在实力的对比有了悄然的变化，目前青啤基本上完成了全国范围的战略布局。

与以前比较，青啤与燕京的处境，实际上正好换了一个位置。近三年来，燕京忙于"补课"——全国圈地，燕京投入大量资金收购全国各地啤酒企业；从地域上来说，燕京也已经发展成为真正的全国性啤酒公司。但是此时的燕京，与三年前的青啤一样，大规模的兼并让企业迫切需要内部整合的时间。

2004年底，青啤宣告对各地子公司的整合已经告一段落。据介绍，经过"三年的系统整合",青啤已经完成了"调整路基和路轨"的任务,进入了一个快车道。此时,也许彭作义说的"调整期"已经结束,而金志国所说的大板块碰撞已经来临。

如今,也许在青啤看来,强攻北京的时机已经成熟。

据国内消费调研机构公布的调查数据显示,在北京,青岛啤酒的品牌知名度略高于燕京,双方都在95%以上,但是燕京渗透率达到80%,而青啤不到10%。"这个反差其实是一种机会。"业内分析人士认为,这意味青啤只要解决了渠道和相应产品定位问题,就掌握了主动。

目前青啤在北京地区已经拥有了自己稳定的一批消费者,不少北京人认可五星啤酒的口味很新。而据介绍,三环生产的青岛山水的销量在北京中低档市场算是非常不错的品牌。

一个是拥有百年历史的中国第一啤酒品牌,一个是北京啤酒市场的绝对老大。对于青啤来说,北京之行处于攻势,只要投入到位,成功的可能性很高;而处于守势的燕京,虽然拥有高达92%的市场占有率,但也正是过高的市场份额给他们带来了很大的心理负担,如果产品定位准确,其市场占有率的上升空间也不大,但是一旦推广手段不能够得到广大消费者的认同,那就会直接造成销售滑坡,颇有当年可口可乐之痛的隐患。

打江山容易,保江山难。燕京最大的优势将成为其在未来市场竞争中最容易受创的软肋,这些必然让燕啤发展有所顾及。

尽管如此,隋战平自己也承认,青啤目前在北京市场的份额还不足10%,对于这样一个被燕啤牢牢掌控手中的市场,青啤要想进入绝非易事。

此次进京,对于青啤来说是势在必得,然而从青啤的策略和市场竞争对手来看,青啤还要过好三道关。

首先,从青啤的战略上看,要在低端市场上和燕京直接发生碰撞,从而对燕京啤酒形成直接的威胁,进而通过抢占燕京的优势市场,对燕京的品牌形成杀伤力,从而在资本市场上对燕京形成压力。事实上青啤更多的是无奈之举,因为五星啤酒和三环在北京市场一直难有建树。但直接采取青岛品牌打低端市场,会对青岛品牌造成自伤,一是品牌形象由高到低,二是如果在北京市场失利,将会对青岛在资本市场的形成不利的局面。如何在进攻北京市场时不伤及自身品牌,是青啤要过的第一关。

其次,青岛啤酒的主要竞争对手燕京啤酒在北京根基深厚。这个90%以上的市场占有率让燕京啤酒很平静,用燕京啤酒副总经理丁广学的话说,市场占有率就是质量。同时燕京在北京有3000多家终端,成为燕京啤酒桥头堡。青啤要在北京市场上提高市场占有率,单单靠大规模的铺市还不够,关键看铺了之后,消费者是不是认可。毕竟燕京啤酒在北京还是消费者的首选。

北京啤酒市场的竞争正趋于白热化。北京对于任何啤酒企业来说都是个大市场,也是啤酒企业向世界展示品牌形象的一个好机会。华润天津有厂,并在天津逐渐形成垄断之势,对北京觊觎已久,而今年金威宣布在天津建厂,目标市场也会瞄准北京,众多竞争对手的加入也是横在青啤面前的难关。

青啤此次逐鹿京城,不过是未来几年京城啤酒市场大战的前哨战而已。

往日平静的京城啤酒市场,正掀起狂风巨澜,一场京城啤酒市场的激烈争夺战已经开打。青啤三年修炼能否取得"正果",不日就能看到。

二 语篇写作练习:

你正在说服你的公司开辟中国市场,到中国设立一家分公司,请提交一份详细的提案,说明你的计划。你的提案中至少包括:

1. 从大局考虑,开辟中国的市场的必要性。
2. 对中国市场(特别是你们公司产品方面)的分析:
 (1)产品需求度;
 (2)市场前景;
 (3)对目标城市市场的调查分析。
3. 设立公司后大致的营销策略。
4. 收益计算。

相关链接 ▶▶▶▶

查找相关网站和资料,了解彩电价格战的始末或者一家著名外资企业在中国的营销策略。

从这一课你学到了什么？

1. _____

2. _____

第四课

学习目的

1. 中国政治文化的特征及其形成原因。
2. 写作要求:政治学论文写作。

思考题

1. 政治文化都包括哪些方面的内容?
2. 你认为你们自己国家政治文化的主要特征是什么?

阅读 一

中国传统政治文化的四大特征

 提示:先进行概念的界定,然后依次分层展开论述。
HOUR 时间:12分钟。

作为一个研究角度,政治文化是伴随行为主义政治学的兴起而来的。阿尔蒙德于1956年8月在美国《政治学杂志》发表的《比较政治体系》一文中首先采用了这一提法并加以界定,此后为政治

第四课

学界接受并为众多学者用以分析政治体系中的政治行为及其变迁。

政治文化，一般是指社会成员对于政治体系及其过程所大体持有的政治态度、情感、价值等方面的综合意识指向，也可以完整地表述为：政治文化是从一定思想文化环境和经济社会制度环境中生长出来的、经过长期社会化过程而相对稳定地积淀于人们心理层面上的政治态度和政治价值取向，是政治系统及其运作层面的观念依托。

由此可推定，中国传统政治文化是指中国所特有的、在过去产生、经过了历史的社会化过程、至今仍然在政治生活中活着的东西，是相对稳定地积淀在中国民众心理层面上的政治态度和政治价值取向，是中国政治系统和政治运作层面的依托。寻求文化的由来，探究政治文化的根源，不能不追问反映生存样态的生产方式和生活方式，所有文化价值观念的育成与演化，以及人类主体精神活动的可能性空间都可以从中找到解释。

中国政治文化来自于中国传统的生产方式和生活方式，归纳起来，影响着中国政治文化性状的主要因素有四：一是小农自然经济方式，二是宗法族制的社会构造，三是国家意识形态化的儒家学说，四是国家制度和权力阶层的支配与匡约。它们结成互为依存、相互支持的政治生态系统，成为育化中国政治文化传统的土壤。

按照经典政治文化的分类标准，可以说中国属于依附型政治文化，积淀于国民心理层面的政治价值意识与行为习惯取向所展示的政治文化特征主要是：家长本位的政治文化；权力崇拜的政治文化；潜规则的政治文化以及均平取向的政治文化。

作为一种主观理性存在，家长制体现的是在政治生活的序列中，人们自上而下拥有绝对权力而无相应的义务；由下而上只有绝对的义务而无相应的权利。与家长制相映随形的，是中国特有的礼制秩序或

伦理角色定位系统。五伦三纲既是一种礼制秩序,又是一种角色规范,从而固化了家长本位的政治文化。由于政治是一种利益分配机制,所以家长的全能地位就必然造就出权威主义人格:以己为政治序列中的原点,对下位是颐指气使的主子,而对上位则是卑躬屈膝的奴才。具体来说,家长制导致的权威主义人格主要表现为皇权崇拜意识、虚饰好伪倾向和奴性仆从习惯。

权力崇拜作为一种社会价值取向,其存在前提是政治的泛化,即是说国家与社会、政治与经济的一体化。在这种环境中,国家政治功能无限膨胀、无限覆盖,而社会自主空间则极度狭小,社会经济功能极其微弱。在这一政治是一切、一切是政治的社会中,权力当然成为最活跃、最有价值的生存工具和生活杠杆,这一点清楚体现于王权时代权力与特权、权力与土地、权力与工商、权力与读书等多重关系之中。以封建皇权为尖顶的金字塔形官僚体系按权力大小和官位高低进行社会资源分割的现实,成为对于社会成员的直感刺激,由此在社会成员中形成根深蒂固的权力崇拜意识。其源远流长的影响在当代的依稀反映是:依然超常的权力支配空间;卖官鬻爵的官场腐败,以及名人入仕的激励传统等等。

潜规则这一提法是针对正式规则即由官方明文规定的法律法规规章条例以及种种红头文件而言的。这两种规则在中国的文化土壤中经历着两种极为不同的命运。正式规则经过了严肃认真的制定过程,有冠冕堂皇的身份地位,在官场语言和官样文章中连篇累牍耳熟能详。但是这类具有合法性和官方基础的规则条文在现实生活中却往往归于有令难行、有禁不止的结局。相比之下,非正式规则虽然不成具文,却能深入人心;虽然不登台面,却是约定俗成。它是合情不合法的规矩,是意会而非言传的陋规,是当事者彼此的认可和期待。潜规则深植于中国宗法制度的悠久历史和人情大国的深厚土壤,血缘、学缘、乡缘、业缘四个圈子是其畅行其道的基础依托,人情开道、旁门左道是其基本交往方式,由腐败走向制度失灵是其不可避免的结果。

当人们不否认政治这一事物的利益分配功能时,便会认可均平主义是一种政治观念和实践。均平主义成为一种普遍思潮主要见于两个原因:人之物质本体的存在需求与生产供给缺口的矛盾;由匮乏经济决定的利益分配意识。此外,均平主义在中国的格式化还有一特殊原因,即能满足政治需要。尽管在自古至今的长时段中,人们一直孜孜以求去实现均无贫、和无寡、安无倾的均平主义梦想,可迄今所有的实验无不以失败告终。历史昭示,在均平主义和家长政治、特权现象及无政府主义之间存有某种亲缘关系,它一碗水端平的实践不依市场调节而只能靠人为摆布,这就为实施人治、加固集权找到了一个合适的理由,其主张从来都是按照三纲五常角色定位系统将利益分配建立在均平旗帜掩盖下菌生权力阶层相对于平民大众的种种特权,均平主义中还潜伏着无政府主义,这不仅因为人们对均平的要求必然会由经济生活伸向政治和其他社会生活,而且还因为与均平共生的家长政治会制造社会反弹从而积蓄起反抗与无政府情绪。所以在均平主义高调存在的地方,人们完全有理由对集权、特权和无政府倾向保持足够警惕。

(选自三公社区网站,郑彦时文章)

个人理解

1. 读这篇文章的题目时,你能想到的有哪些?
2. 你同意(反对)文章中的哪些观点?为什么?
3. 读完这篇文章后,你认为文化与政治文化有哪些异同?

阅读理解

一 请快速阅读文章1—4自然段,回答下列问题:

1. 政治文化的概念最早是由谁提出来的?

2. 政治文化的定义是什么？
3. 中国的政治文化的定义是什么？
4. 影响中国政治文化的主要因素有哪些？

二 请快速阅读文章5自然段，简单总结：
中国政治文化的四个基本特征。

三 请认真阅读文章第6自然段，回答问题：
1. 家长制的特点。
2. 家长制对政治的影响。

四 请认真阅读文章第7自然段，回答问题：
1. 权力崇拜产生的前提。
2. 权力崇拜的具体体现。

五 请认真阅读文章第8自然段，回答问题：
1. 潜规则产生的人文基础。
2. 潜规则的具体体现。

六 请认真阅读文章第9自然段，回答问题：
1. 均平主义产生的原因。
2. 均平主义产生的后果。

七 请认真阅读文章第9自然段，回答问题：
1. "成为育化中国政治文化传统的土壤"中"土壤"在这里的意思是：
    a. 种植农作物必需的土地
    b. 日常生活的必需品
    c. 形成某种特点必需的基础
    d. 培育新品种的技术

2. "以封建皇权为尖顶的金字塔形官僚体系"中"金字塔"在这里的意思是：
    a. 埃及的旅游胜地
    b. 所有阶层中最高的一层
    c. 所有阶层一律平等的现象
    d. 极少数人在高层，大部分在底层的社会结构

3. "卖官鬻爵的官场腐败,以及名人入仕的激励传统等等"中"入仕"在这里的意思是:

   a. 古代知识分子通过考试进入官场

   b. 古代知识分子参加考试

   c. 古代知识分子形成自己的传统

   d. 古代知识分子通过花钱进入官场

4. "官方明文规定的法律法规规章条例以及种种红头文件"中"红头文件"在这里的意思是:

   a. 官方批捕犯人的文件

   b. 官方正式发布的文件

   c. 官方正式发布的红皮书

   d. 官方正式发布的警报

5. "相比之下,非正式规则虽然不成具文,却能深入人心"中"不成具文"在这里的意思是:

   a. 大家习惯遵守而且写入法律的规定

   b. 不用写成文章大家就知道的规定

   c. 没有具体规定,但大家都习惯遵守的规定

   d. 官方明确的规定

6. "它是合情不合法的规矩,是意会而非言传的陋规"中"意会而非言传"在这里的意思是:

   a. 既能理解又能用语言表达

   b. 只能理解但不能用语言表达

   c. 虽然可以用语言表达但不是很清楚

   d. 虽然可以理解但不是很清楚

7. "它一碗水端平的实践不依市场调节而靠人为摆布"中"一碗水端平"在这里的意思是:

   a. 所有人要绝对的公平

   b. 指条件很艰苦的训练

   c. 有水的时候大家都要能喝到

   d. 要让每个人都有端水的机会

重点词语

1.	界定	（动）	jièdìng	to define
2.	积淀	（动）	jīdiàn	to sediments accumulated over the years
3.	依托	（动）	yītuō	to depend on; to rely on
4.	归纳	（动）	guīnà	to sum up; to infer
5.	宗法	（名）	zōngfǎ	patriarchal clan rules and regulations
6.	本位	（名）	běnwèi	standard
7.	序列	（名）	xùliè	order
8.	伦理	（名）	lúnlǐ	ethics
9.	固化	（动）	gùhuà	to solidify
10.	权威	（名）	quánwēi	authority
11.	人格	（名）	réngé	human dignity or character
12.	颐指气使		yí zhǐ qì shǐ	be extremely arrogant
13.	卑躬屈膝		bēi gōng qū xī	bow and scrape; act servilely or obsequiously
14.	虚饰	（动）	xūshì	to falsify; to flashy but without substance
15.	泛化	（动）	fànhuà	to extensity
16.	膨胀	（动）	péngzhàng	to dilate; to inflate
17.	官僚	（名）	guānliáo	bureaucracy
18.	源远流长		yuán yuǎn liú cháng	having a long history
19.	依稀	（副）	yīxī	vaguely; faintly; dimly
20.	鬻	（动）	yù	to sell
21.	爵	（名）	jué	rank or title of nobility
22.	冠冕堂皇		guānmiǎn tánghuáng	high toned or sounding
23.	连篇累牍		lián piān lěi dú	lengthy and tedious
24.	耳熟能详		ěr shú néng xiáng	be able to repeat what is frequently heard
25.	深入人心		shēnrù rénxīn	strike root in the hearts of the people
26.	约定俗成		yuēdìng súchéng	established by popular usage
27.	陋规	（名）	lòuguī	objectionable practices
28.	旁门左道		páng mén zuǒ dào	heresy; heretical sect; heterodox school
29.	失灵	（动）	shīlíng	to not work; to be ineffective
30.	匮乏	（形）	kuìfá	deficient; short of

31. 孜孜以求		zīzī yǐ qiú	searching indefatigably
32. 摆布	（名）	bǎibù	to manipulate; to order about
33. 潜伏	（动）	qiánfú	to hike; to be latent
34. 反弹	（动）	fǎntán	to rebound
35. 高调	（名）	gāodiào	lofty tone; high-sound words
36. 集权	（名）	jíquán	centralization of state power
37. 特权	（名）	tèquán	privilege

词语练习

一、组词：

1. （固／泛）化　　（　　）化
2. （集／特）权　　（　　）权
3. （家长）本位　　（　　）本位
4. 虚（饰）　　　　虚（　　）
5. 失（灵）　　　　失（　　）
6. 陋（规）　　　　陋（　　）

二、词义辨析填空：

　　匮乏　　缺乏

1. 目前这个国家粮食、能源（　　）。
2. 现代生活中最（　　）的就是人与人之间的和谐。

　　积淀　　积累

3. 多年的教师生涯，使他（　　）了丰富的教学经验。
4. 一个民族的特性是经过其文化的长期（　　）而形成的。

　　定义　　界定　　推定

5. 如何（　　）这个概念，目前尚有较大争议。
6. 不同的（　　）会产生不同的理解。
7. 他极少出勤，我们由此（　　）他不喜欢上课。

摆布　操纵

8. 我可不是任人（　　）的傀儡。
9. 你知道如何（　　）这个机器吗？

三　请写出下列词语的反义词或者近义词：

1. 膨胀（反）——
2. 依稀（近）——
3. 匮乏（反）——
4. 潜伏（近）——
5. 高调（反）——

四　请用下列成语填空：

颐指气使　卑躬屈膝　源远流长　冠冕堂皇　连篇累牍
耳熟能详　深入人心　约定俗成　旁门左道　孜孜以求

1. 这个政策（　　），因此效果甚佳。
2. 这首歌曲朗朗上口，无论是大人还是小孩都（　　），因此一直流行至今。
3. 四大文明古国的历史（　　）。
4. 做人要有尊严，不能（　　）。
5. 这个理由（　　）的，难怪没有人相信。
6. 为什么这么读？没有具体的规定，就是大家（　　）的。
7. 很多男人不喜欢（　　）、凶巴巴的女人。
8. 他一做起报告来，就（　　），没完没了，大家都怕他了。
9. 要光明正大地做事，不要总想找一些（　　）。
10. 多年来他（　　），终于实现了理想。

合作学习

请合作查找以下资料，提交一份小报告，在报告中回答下列问题：

1. 请阅读美国学者阿尔蒙德的《比较政治学》，回答什么是政治文化？
2. 请回答课文中两次提出的三纲五常概念具体包括哪些内容？
3. 请查找有关中国政治文化的论文，回答孔子对中国政治文化的形成有什么影响？

思考题

1. 你了解的英国政治文化特点有哪些？
2. 你如何理解历史的连续性？

阅读 二

英国政治文化的特征——历史的连续性

 提示：以列举不同事实的方式证明观点。
 时间：10分钟。

英国是欧洲最古老的国家之一，其民族的历史发展呈现出明显的连续性。关于这一点，我们首先可以从像英国国王和英国议会这样一些已有几百年甚至上千年历史的政治机制仍然发挥作用的事实找到证据。

国王政治在英国是古制，从古罗马人入侵不列颠之前，到17世纪英国大革命，再直至近日，国王的形式和国王的尊严基本上保留了下来，尽管国王的权力和作用有了很大的变化。粗略地计算，王制在英国至少有一千年的历史了。与王制同样古老的是英国的议会制度。英格兰的议会可以溯源到中世纪的贤人会议，是根据日耳曼人古老的习惯建立的。它是诺曼底贵族制约国王的一种机制，也是国王统治的辅佐机关。英国议会的发展历程曲折反复，在与国王的斗争中，它时而强大，时而弱小，最终在18世纪成为英国的权力中心，并从那时起逐渐发展完善起来。现在，议会仍然保持着它在英国政治生活中的重要作用。

像国王和议会这样古老的机制在今天的英国还被保留这一现象是值得我们深思的，它除了说明英国历史发展的连续性以外，至少还在某种程度上说明英国人对于传统的怀恋和英国人善于赋予旧事物以新精神即"旧瓶装新酒"的政治智慧。

另一个能说明英国历史的连续性特征的事实是，英国历史和民族文化，或者说英国文明，在相当长的历史时期里是矢向发展的：自从1066年诺曼底人征服以来，这个国家还没有被外国（族）成功地入侵和征服过，因而其历史文化传统能够较完整地保留下来。

1066年，法国贵族诺曼底公爵率领部族成功地入侵并征服英国，这在英国历史上是划时代的大事。那年10月14日，征服者威廉的以骑兵为主的诺曼底大军和哈罗德的以步兵刀盾手为主的英格兰大军在黑斯廷斯善展开激战，结果是英格兰又一次被征服。诺曼底人的到来不仅带来了法语和法兰西文化，而且也带来了诺曼底社会的政治制度和习惯。威廉到来以前的英国是以个人关系为基础的封建社会，领主的附庸可以将自己的土地带走而投靠另一个领主。诺曼底人建立的封建制却是以土地为基础的，若是领主的附庸投靠其他主人，他只能从新主人那里获得封地。诺曼底人统治英国后，大量的法语词汇溶入英语，欧洲大陆的习俗和文化也加深了对英国的影响。征服者威廉入主英国，还促成了罗马天主教廷对英国的控制，使得长期不休的教派纷争以罗马教廷的胜利而告终。以上诸方面的影响使得英国在罗马帝国势力退出，经历了差不多五百年的孤独发展后，再次密切了与欧洲的联系并成为欧洲的一部分，从此，欧洲发生的每一件大事注定要影响英国，而英国发生的政治、经济、文化和军事变化也注定具有欧洲性质。

然而，这是英国最后一次被外来势力征服，以后的一千年是布立吞人、罗马人、盎格鲁—撒克逊人、北欧人和诺曼底人互相融合、共同发展的历史。

英国人自身发展的一千年历史，也显示了连续性。自从英国内战（大革命）以来，唯一一次成功的革命是1688年的光荣革命。这一被英国人津津乐道，认为其创立了英国近代政治结构的所谓革命，实际上是一场和平的政变。在政变中，英国的统治阶级赶走了他们不喜欢的詹姆士一世国王，迎立荷兰的新教徒威廉和玛丽主政英国。这是一场内部的"人事变动",而且发生在三四百年以前。从此,英国的政治权力结构就没有发生过革命性的变化。

英国历史发展的连续性,在其主要领土的各个部分历史中都有体现。以威尔士为例,威尔士人早在14世纪英格兰征服威尔士之后就开始作为"英国人"生活在英国中了。威尔士与英格兰的关系随着1485年亨利·都铎的波斯沃斯大捷、1536年英国议会合法的制定和亨利八世的登基进一步密切了。苏格兰是晚于威尔士融入英国的。苏格兰人和英格兰人的宪政联系最初是随着1603年苏格兰国王詹姆士六世继承英国女王伊丽莎白一世并成为英格兰的詹姆士一世国王而建立的。1707年,德国的汉诺威亲王即位并颁布了《联盟法》,苏格兰与英格兰的联系加强了。但是,苏格兰与英格兰统一关系的完全确立,是在1745年英格兰军队彻底打败苏格兰人并迫使苏格兰人签署条约之后。爱尔兰的情况似乎有点特殊。早在1169年—1171年,当盎格鲁—撒克逊人和诺曼底人入侵爱尔兰时,爱尔兰人就与英格兰人建立了联系。1800年的联盟法标志着两地的正式统一。然而,1916年,爱尔兰民族大起义使得英爱关系复杂化并最终导致1921年的爱尔兰独立和北爱尔兰特殊区域的建立。

英国历史发展的连续性一方面为英国人民对本国文化产生强烈认同提供了可能性,另一方面,它也造就了英国人注重历史、偏爱成例的国民秉性。

(选自《中西文化政治论丛》第四辑　田为民文章)

个人理解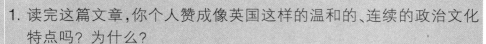

1. 读完这篇文章,你个人赞成像英国这样的温和的、连续的政治文化特点吗?为什么?
2. 你对文章最后一段所表述的内容有什么看法?
3. 你个人认为作者所列举的历史连续性的实例都很有说服力吗?

阅读理解

一　请快速阅读文章,然后从四个方面总结英国历史连续性这个特点的具体体现:
1.
2.
3.
4.

二　请认真阅读文章第4自然段和第8自然段,然后做练习:
1. 请说明第4自然段和第8自然段之间的关系。
2. 请说明第8自然段的内容是如何体现历史连续性的?
3. 你个人认为这两段论述对其论点的证明是成功的吗?为什么?

重点词语

1. 粗略	(形)	cūlüè		sketchy; rough
2. 溯源	(动)	sùyuán		to trace to the source
3. 贤人	(名)	xiánrén		person of virtue
4. 制约	(动)	zhìyuē		to restrict; to restrain
5. 辅佐	(动)	fǔzuǒ		to assist

6.	曲折	（形）	qūzhé	winding; twists and turns
7.	怀恋	（动）	huáiliàn	to think fondly of; to miss
8.	赋予	（动）	fùyǔ	to entrust; to bestow; to vest
9.	公爵	（名）	gōngjué	duke
10.	划时代	（形）	huàshídài	epoch-making
11.	骑兵	（名）	qíbīng	calvalry
12.	步兵	（名）	bùbīng	infantry
13.	盾	（名）	dùn	shield
14.	激战	（名）	jīzhàn	fierce fighting
15.	领主	（名）	lǐngzhǔ	lord
16.	附庸	（名）	fùyōng	dependency; vassal
17.	投靠	（动）	tóukào	to go and seek sb.'s patronage
18.	教廷	（名）	jiàotíng	the Vatican
19.	纷争	（名）	fēnzhēng	dissension
20.	告终	（动）	gàozhōng	to come to an end
21.	势力	（名）	shìlì	force
22.	融合	（动）	rónghé	to fuse; to merge; to mix together
23.	津津乐道		jīnjīn lè dào	take delight in talking about
24.	政变	（名）	zhèngbiàn	coup
25.	人事	（名）	rénshì	personnel matters; personnel resources
26.	大捷	（名）	dàjié	great victory; triumph
27.	登基		dēng jī	to be enthroned
28.	亲王	（名）	qīnwáng	prince
29.	联盟	（名）	liánméng	alliance
30.	签署	（动）	qiānshǔ	to sign
31.	条约	（名）	tiáoyuē	treaty; pact
32.	起义	（动）	qǐyì	to uprising; to revolt
33.	认同	（动）	rèntóng	to identify; to acknowledge
34.	偏爱	（动）	piān'ài	to have partiality for; to show fond to
35.	秉性	（名）	bǐngxìng	nature

词语练习

一 组词：

1. 签署(条约)　　签署(　　　)
2. 投靠(领主)　　投靠(　　　)
3. (民族)融合　　(　　　)融合
4. 偏爱(成例)　　偏爱(　　　)

二 词义辨析填空：

　　制约　限制　约束

1. 请(　　)自己的行为。
2. 任何一种政治制度都应该有相应的(　　)机制。
3. 这次作业没有字数的(　　)。

　　帮助　辅助　辅佐

4. 老国王死了以后，他一直(　　)年轻的国王执政。
5. 字典只是(　　)性的工具书，不可能完全依靠它。
6. 谢谢你给了我这么多的(　　)。

　　完善　完美　改善

7. 政府正在大力(　　)法律机制。
8. 人们的生活需要得到(　　)。
9. 这种处理方式太(　　)了。

　　承认　认同　同意

10. 对于你的这种行为，我实在是无法(　　)。
11. 我(　　)，世界上没有绝对的好人和坏人。
12. 你们都是未成年人，出去旅行应该得到父母的(　　)。

　　秉性　性格　人格

13. 你可以批评我，但你不能侮辱我的(　　)。
14. 他(　　)善良，对人不设防。
15. 现如今想找个(　　)好的女孩子真难啊！

粗略　大概　大约

16. 通过他的描述，我已经了解了事件的（　　）。
17. 这只是个（　　）的计算，详细的数字稍后才会发布。
18. 今天（　　）有三十度左右。

三 请用下列词语填空：

溯源　粗略　曲折　划时代　附庸　纷争　津津乐道

1. 这种习惯的形成可（　　）至几千年前的欧洲。
2. 这项政策具有（　　）的意义。
3. 在婚姻中，最忌一方成为另一方的（　　）。
4. （　　）统计了一下，现在报名的约有200人。
5. 至今他还在（　　）那次成功。
6. 努力吧，道路是（　　）的，但前途是光明的。
7. 两国正致力于解决领土（　　）。

四 请模仿例句造句：

1. 英国人善于<u>赋予</u>旧事物<u>以</u>新精神。
   你的句子：＿＿＿＿＿＿＿＿＿＿＿＿＿＿＿＿＿＿＿＿＿＿＿。

2. 长期不休的教派纷争<u>以</u>罗马教廷的胜利而<u>告终</u>。
   你的句子：＿＿＿＿＿＿＿＿＿＿＿＿＿＿＿＿＿＿＿＿＿＿＿。

五 本课的专有名词（Proper Noun）比较多，请按照下面的分类找出相应的生词：

1. 跟战争有关的生词：

2. 跟王制有关的生词：

合作学习

请学习英国历史,合作提交一篇报告,找出英国政治文化特征的另外一些特点。

要求:

    1. 字数 100 字左右;

    2. 只介绍概括性的特点;

    3. 至少要包括两个除课文内容以外的特点。

一 语段写作练习:

1. 请将下列古代汉语翻译成现代汉语。

   (1) 子曰:为政以德,譬如北辰,居其所而众星共之。——《论语·为政》

   (2) 季康子问政于孔子。孔子对曰:政者,正也。子帅以正,孰敢不正?
   ——《论语·颜渊》

2. 请根据上面的两段话,写一篇评论文章,题目自拟。
   要求:
   (1) 200 字左右;
   (2) 在文章中要讨论一个问题:孔子认为政治和道德的关系是什么?

二 语篇写作练习:

请查阅资料,写一篇论述文章。

论文题目:为什么要有政治?

要求:

1. 字数 1000 字左右;
2. 按照以下结构写作:
   (1) 开篇界定概念;
   (2) 用一个自然段简要概括自己的论点;
   (3) 用列举或者说明的方式展开论述自己论点。

相关链接 ▶▶▶▶

查找相关调查数据,找机会与不同的中国人聊一聊,了解一下他们对政治的态度。

从这两篇文章,你学到了什么?

1. _____

2. _____

综合练习(一)

第一部分　词语练习

一　请选择正确汉字：

摆(步、布)　　　　　　(孜孜、滋滋)以求
(爆、暴)发　　　　　　亏(损、陨)
卑躬(屈、曲)膝　　　　(溃、匮)乏
变本加(历、厉)　　　　连篇累(牍、读)
(秉、承)性　　　　　　旁门(左、佐)道
(查、察)封　　　　　　签(暑、署)
出(宠、笼)　　　　　　勤(俭、检)
(兑、对)现　　　　　　(容、融)合
赋(予、与)　　　　　　如火如(荼、茶)
干(予、预)　　　　　　深(喑、谙)
管(制、治)　　　　　　(溯、朔)源
过(尤、犹)不及　　　　土(住、著)
浩(劫、却)　　　　　　悉随尊(便、变)
积(垫、淀)　　　　　　狭(隘、谥)
交(峰、锋)　　　　　　蓄谋(已、以)久
焦头(烂、乱)额　　　　(训、驯)服
劫富(济、急)贫　　　　(营、赢)利
(津津、斤斤)乐道　　　(渔、鱼)翁得利
精(髓、遂)　　　　　　(源、渊)远流长
(窠、巢)臼　　　　　　主(指、旨)
可见一(班、斑)　　　　左(倾、顷)

二 请区分下列成语,然后完成表格:

卑躬屈膝　变本加厉　不甚了了　耳熟能详　冠冕堂皇
过犹不及　虎视眈眈　家喻户晓　焦头烂额　津津乐道
尽人皆知　连篇累牍　令人发指　旁门左道　如火如荼
喜闻乐见　信誓旦旦　颐指气使　源远流长　约定俗成

褒义词	
贬义词	
中性词	

三 词语搭配:

A	B
颁发	决心
爆发	君主
查封	出场
阐述	账户
出让	奖章
动摇	战争
冻结	端倪
露出	匮乏
辅佐	问题
赋予	滑坡
高调	货物
经济	理由
回避	房屋
积压	财产
物资	荣誉

滥用	利益
谋取	规则
纳入	影响
施加	国家
振兴	规范
遵循	权力
败坏	名誉

四 请说明下列画线词语在句子中的意思：

1. 有些外国产品到了中国之后<u>水土不服</u>，因此销路并不好。

2. 什么时候让我也演部电影<u>风光风光</u>。

3. 高科技其实是把<u>双刃剑</u>。

4. 产生这样的后果，你作为领导者是脱不了<u>干系</u>的。

5. 计划<u>搁浅</u>了。

6. 公司里真正的北京<u>土著</u>并不多。

7. 这种公民教育难免陷入旧时代臣民、子民、顺民意识教育和"训政"的<u>窠臼</u>。

8. 进行公民教育如果回避这些历史和现实，就会跳进愚民教育或狭隘民族主义教育的<u>陷阱</u>。

9. 牛奶场主不知道使了什么招数，以牛奶场的"利益"为<u>旗号</u>，打动了国会议员。

10. 中国政治文化特征主要是：家长本位的政治文化；权力崇拜的政治文化；<u>潜规则</u>的政治文化；以及均平取向的政治文化。

第二部分 阅读写作练习

论人性

人性善与恶的争论,是人文科学所面临的最基础、最重要的问题之一。基督教信奉"原罪"的人性观,不免过于消极悲观。中国人则是一厢情愿乐观地认为"人之初,性本善"。

仔细考察一番,就会发现人性原来很复杂。人性之中既有好的因素又有坏的成分。孔夫子的"食色,性也"只是讲了人的肉体物质欲望部分,还远远不够全面。马克思在他的学说中提到了人的自然属性和社会属性,但没有明确人性的善与恶的问题。这样,在人的自私贪欲和社会公德发生冲突的时候,伦理道德就会显得无能为力。

"性",用说文解字的办法来解释,就是"生存之心",即人类保存与延续物种的天然习性,是人类生存和繁衍的一种本能。复杂的人性包含了两个基本方面:一是生存和繁殖的驱动力量,是人们主动追求和期望满足的,追求不到或无法满足,人就会痛苦和失望,叫做"元欲";一是自觉回避不良环境和有害行为方式的自我保护机制,是人们从后天社会生活经验总结出的"知道某类性格因素会对生存产生危害而极力回避之"的理性,不妨叫做"元恶"。人性中的"元恶",常常使人在心灵上受到懊悔、痛苦与焦虑的折磨但是又毫无摆脱之法。

人性中的"元欲"分为三个部分:

第一是食欲。人体必须消耗食物、获取能量才能维系个体的生命。也只有个体生命的存活,才会维持整体物种的不灭。

第二是性欲。性欲的存在,保证了男人和女人之间维系着强烈的情感亲和力,是促使人类进行人口生产制造的强大动力。如果人类在性行为中获得不了快乐,就不会有人去结婚组建家庭。那样,男人会嫌弃家庭的拖累,女人会畏惧生育的痛苦和危险,新的生命从哪里来补充呢?有社会学家认为,"性行为是一个人给另一个人带来快乐的好事，是一种关系第三者（子女）生命诞生的利他行为。"性欲的存在乃自然界与人类之间的一笔交易，人类从性活动中获得了快乐，同时完成了繁衍物种的任务。只有物种生生不息地延续下去，宇宙才不会是一团死寂，"上帝"才不会寂寞。"上帝"给人们快乐以诱使他们进行自身的生产，并以此来延续物种。正常的性欲乃是一种神圣和高尚的情趣，本身绝无什么可耻和下流之说。如果基督教把人类的受命于自然界的欲望称为原罪的话，就是对人类的一种自我污蔑和轻贱，给人们造成不必要的心理压力（犯罪感）。

第三是求知的欲望。由于人类对于大自然和自身生命有一种天生的好奇心，所以人类试图探知宇宙存在着的万事万物是什么和为什么。正是因为求知欲的存在，人类才产生了文明，从其他动物中独立出来，在通往宇宙智慧的大道上不断地开拓前进。求知欲，是人类所区别于其他动物的根本特征，这是人类唯一不需要去加以任何限制的欲望。

总之，人的食欲、性欲同动物一样，既说不上高尚，也绝不卑劣，都属于动物繁殖保存物种意义上的自然欲求。而人区别于其他动物的地方乃在于人类主动追求智慧。今天的人类比起十万年前的人类来，生理上没有多大区别，唯一的区别是我们的知识因为历史上的积累而增加了。狼吃羊吃了个地久天长，但狼依旧是无知的野兽，没有智慧上的增加。所以，追求智慧是生命在进化意义上的特征。

至于人性中"元恶"，也有相应于"元欲"的三个方面，按照顺序依次是：

第一是恐惧。恐惧是人类最强烈的情感之一，是人类对痛苦和死亡的忧虑，是人们因为生活的不确定性所导致的紧迫感，是人类面对自然界中尚未认识而人力又无从控制的现象而产生的危机感，佛教中所说的"苦谛"即此。懒惰作为恐惧的一种表现形式，根源于人们对于肉体劳作和脑力消耗产生的痛苦和疲劳的畏避。同时，人们常常害怕行为失败会给自己的自尊和自信带来打击而产生挫折感，进而放弃行动，无所作为，这也是懒惰的根源之一。综合以上，我们不妨将懒惰归为恐惧的一种。

　　第二是嫉妒。嫉妒是人类渴望获得社会认同感的心理需求，希望别人能够做到的事情自己也可以做到，别人拥有的自己希望同样拥有，并且潜藏着要比别人优越的期待。嫉妒的实质是想独占生存优势，认为只有在生存竞争之中具有更大的优势，才能提高自己生命存活的安全系数。嫉妒又是由于真切地知道自己无能因而缺乏自信的表现。嫉妒之人不希望看到别人比自己强大和优越，同时不愿意通过自身的实际努力来赶超，而是满心思地盼着别人倒霉。这样，嫉妒者是从他人由于懈怠、错误和不幸导致的优势下降中，得到了自己竞争能力相对升高的实现。从幸灾乐祸中获得心理的平衡，是一种廉价的自我价值的实现，获得的只是虚假的自我陶醉。

　　第三是任性。人类试图通过控制别人而体现自己的优越感，就表现为任性。任性是为了获得他人无条件的尊重，是领袖支配欲的一种具体表现。不管自己的意见是否正确，一切都是"我说了算数"。明知自己的行为可能失误却不计后果地贸然行事，容不得不同的意见，以此体现自己的绝对权威。任性是动物生存竞争的原始动力，是高等动物炫耀生命尊严和优胜的途径之一。

　　任何事物都同时具有积极和消极的一面，人性也是如此。

　　人类的基本欲望维持了物种的保存，但是对于食欲和性欲不加以理智的克制就会影响身体的健康。当然，压抑导致性饥渴则是根本错误的。没有压抑就不会有放纵，就不会从一个极端走向另一个极端。对于人类生命个体来说，生理上成熟之后，还长期性压抑的话，就会导致体内的荷尔蒙激素偏多。人就如同犯了毒瘾一般，心理上长期处于一种焦虑状态，从而会影响人的身心健康。

　　同样，人类所鄙弃的性格特征也有对保存物种积极的方面。

　　因为人们对于危险的回避，才利于生命的自我保护。否则，没有恐惧，人们会变得麻木不仁。因此，恐惧乃是生物的自我保护机能。苏格拉底在论述勇敢时云：智者是因为害怕更大的危险才不去回避一些小的次要的危险。因此，常人是因为恐惧而变得勇敢。只是一般的人很难知晓更大的危险在哪里，也不会去相信它们会真的发生。懒惰的产生是因为人们对于体力劳动带来肉体痛苦的回避和对于脑力劳动疲劳的厌倦。正因为此,人们在长期的劳动过程中,通过充分的接触实际,被迫开动脑筋,发明创造了诸多巧妙的方法来提高劳动效率,减少劳动强度。为了偷懒,人们发明了机械以替代体力劳动;为了省心,人们发明了电脑来提高思想生产的效率。又因为嫉妒和任性,人类为体现自己的优越感,常常把它们用做向上的车轮,勉励自己不断地进取。

所以,人性中好与坏的因素其实并无一个绝对明晰的界限,关键的所在乃是理性地把握一个"度"的问题。正确地认识现实存在的问题,对于欲望,不回避,不放纵,满足了才会超越;对于人们鄙弃的性格特征,同样保持宽容豁达的态度。总之,一切都需要智慧来做裁判。

如此分析,我们知道人性是极其复杂的,非善即恶只是简单粗糙的思维方式。"元欲"和"元恶"都是自然赋予人类保存物种和促进生命进化的动力源泉。"元欲"与"元恶"对人类所起的作用,是积极还是消极,需要通过智慧去把握。

一 请阅读文章,然后给文章划分段落,总结大意:

第一段:从第_____自然段到第_____自然段
大意:

第二段:从第_____自然段到第_____自然段
大意:

第三段:从第_____自然段到第_____自然段
大意:

第四段:从第_____自然段到第_____自然段

大意:

二 请阅读完文章之后,写一个 200 字左右的摘要,说明作者的观点。

请以"人性究竟本善还是本恶"为题,写一篇 1500 字左右的议论文。

 第三部分　反思学习

一 对照目标总结上一阶段的学习:

认识上的改变	实际上的进步	面对的困难	克服困难的方法

二 新的目标:

1. _____

2. _____

3. _____

第五课

学习目的

1. 内容提示：宗教的界定与中国的宗教。
2. 写作要求：宗教—政治:跨学科论文写作。

思考题

1. 你认为什么是宗教？
2. 你认为宗教有哪些作用？
3. 你认为宗教和政治有什么关系？

阅读 一

世俗政治与宗教政治界说

 提示：学会通过比对的方法展开论证，最后得出结论。
 时间：10分钟。

    这里所说的世俗政治是指中国政治文化的特征，宗教政治指西方政治文化的特征。然而，对这种说法必须做出某些解说和限制。

首先,对于什么是宗教,人们的理解分歧甚大。一般说来,基督教与伊斯兰教是比较典型的宗教。它们的特征在于:第一,作为一个信仰的体系,它信奉或崇拜一个人格化的至上神,追求超世俗的来世命运;第二,有高度组织化的教会。这个教会从世俗社会结构中分化出来,自成体系;第三,有系统的规范化的宗教生活。它是信徒生活中最重要的一部分,是信徒灵魂得救不可少的条件。以这种宗教为参照系,有的西方人就认为中国没有宗教。因为中国的佛教、道教都不符合这个标准。这种看法不见得正确,但它也反映出中国宗教与西方宗教的差异。

中国的佛教在第一方面没有问题,是典型的宗教。不过,佛教的佛、菩萨与基督教的上帝不同,他们并不创造和主宰世界,也不决定人的命运。他们不是人的高高在上的主人,而是人的师长和朋友,适时地为人们指点迷津,引导和帮助人们摆脱被动盲目的生死轮回的命运,获得精神生命的永恒。信徒称释迦牟尼为"本师",自称为佛的弟子。佛教有"四众弟子"之说。佛、菩萨与信徒的关系亲密而直接、具体,在信徒的心目中,他们是值得敬仰的修行有成就者,然而却不是高不可攀。至少就大乘佛教的信仰而言,因为每个人都有佛性,都会达到那个佛的功果,就如每个大学生都能成为教授一般。所以当代有的佛教学者干脆认为佛教是无神论。我们认为佛教是有神论的,不过,它的神与基督教的上帝、伊斯兰教的安拉的确不同。

在宗教的第二和第三方面,佛教与基督教的差异较大。佛教没有把全体教徒组织起来的教会。它的教团即僧伽团体,是出家僧侣的组织,大约相当于基督教的修道院,但比修道院的组织要松散得多。它没有像基督教从基层教区到主教区直到跨国家的"普世教会"或"大公教会"的组织,没有从制度上对教徒进行管理

的由神父、主教和教皇组成的严密的教阶制，更没有对教徒从宗教上实行强制性约束和规范的教会法。由于缺乏组织，教徒也就不可能有一个系统和规范化的宗教生活。佛教徒由内而外可分三层，第一层是出家僧侣，他们人数很少；第二层是居家修行的称居士的守戒的信徒；第三层是其他信徒，也就是一般的敬佛礼佛、烧香拜佛的人。这部分人的数量通常是非常庞大的。这三种人的组织性和宗教生活依次递减。其中第二部分人相当于基督教的平信徒，不过他们的宗教生活远逊于基督徒。一个基督徒的皇帝或国王如果因违背教规或得罪了教会而被剥夺了在告解式上领圣体的权利，他会被迫跪在主教膝下悔罪，或跣足屈膝，任由教士的鞭打，以获得赦免重过宗教生活。可见，宗教生活被视为信徒的生命。这在佛教的居士中是见不到的。在佛教里，一个出家的僧人或受戒的居士，只要向任何人声明之后就可以还俗和放弃居士身份，这在基督徒是不可想象的。至于第三层的广大信徒，其宗教生活完全没有约束，其中许多人还在各种宗教间朝三暮四，甚至同时脚踩多支船。这部分信众，更给佛教染上了自由松散的色彩。

　　道教的宗教特征就更淡一些。它的长生不死的追求只能说是准宗教的。其来世信仰也只是现世的直线型延伸，而不是对现世生活的否定。在组织形式和宗教生活领域，它与佛教相似。至于儒学，在中国古代与佛道并称"三教"，但这里所说的"教"与当代学术语言中的"宗教"不同，按上述宗教的三个特征来衡量，它都不是宗教，不过至今仍有学者把儒家视为一种宗教。

　　我们认为，那种否认佛教和道教是宗教的观点，过于拘泥西方基督教的标准，而那种把儒家也视为一种宗教的观点则对宗教的解释过于宽泛。我们这里采取的是一种居中的观点，把前两者视为宗教，把后者视为一种世俗的意识形态，但在古代社会，它承担了大量的在其他文明里由宗教承担的职能。

　　其次，即使采取这样一个标准，把中西政治文化特征界说为世俗的和宗教的仍然有问题。因为，无论中国还是西方，都不是纯粹的世俗政治或宗教政治。

　　宗教是人类的一种非常普遍的社会文化现象。尤其是在远古时代,宗教承担着最重要的社会政治和文化等功能。那个时代,人们是以宗教的方式认识世界和人类自身的,人与周围世界的关系,人的命运和人生的目标,都是在宗教神学的框架内得到理解的。社会是以宗教的方式组织的,每一个部落和氏族,都同时是一个宗教团体,或者说是一个教会。调解社会共同体的准则和共同体的公共权力都具有宗教性的权威,具有神圣性和神秘性。可以说,在那个时代,如果没有宗教,人类的生活几乎是不可能的。正因为这样,在国家产生初期和整个古代社会,无论在中国还是西方,宗教与政治总是紧密结合在一起的。

(选自沧海云帆网站,丛日云文章)

个人理解

1. 读完这篇文章,你是否同意作者关于佛教、道教的看法?为什么?
2. 你认为这篇文章哪个部分写得最精练?哪个部分展开论述得不够充分?

阅读理解

一 请结合生词表,将文章中所有跟宗教有关的生词写在下面:

二 请阅读文章第2自然段和第3自然段,用自己的话总结:
1. 佛教符合宗教的哪个特点?
2. 佛教的这个特点又与西方的宗教有哪些不同?

三 请阅读文章第2自然段和第4、5自然段,用自己的话总结:
1. 佛教是否符合宗教的特点?
2. 完成下面的表格,找一找佛教、道教与西方宗教的具体差异

	西方典型宗教	佛教	道教
宗教组织			
宗教生活			

四 请阅读文章第6自然段,总结作者关于宗教的结论:

五 请重新阅读全篇,回答问题:
1. 作者是否同意将东西方政治纯粹地划分为世俗政治和宗教政治?原因何在?
2. 作者对与宗教和政治的关系的结论是什么?

重点词语

1.	世俗	(名)	shìsú	secular
2.	分歧	(名)	fēnqí	differences; divergence
3.	信仰	(名)	xìnyǎng	belief; faith
4.	来世	(名)	láishì	next life
5.	教会	(名)	jiàohuì	church
6.	分化	(动)	fēnhuà	to divide; to split or break up
7.	信徒	(名)	xìntú	disciple
8.	灵魂	(名)	línghún	soul
9.	参照系	(名)	cānzhàoxì	reference frame
10.	主宰	(动)	zhǔzǎi	to dominate
11.	指点迷津		zhǐdiǎn míjīn	show sb. how to get on the right path
12.	摆脱	(动)	bǎituō	to shake off; to free or extricate oneself from
13.	盲目	(形)	mángmù	blindly
14.	轮回	(名)	lúnhuí	samsara; transmigration
15.	永恒	(形)	yǒnghéng	eternal; everlasting
16.	修行	(动)	xiūxíng	Practice Buddhism or Taoism

17.	高不可攀	gāo bù kě pān	too high to reach
18.	教徒 （名）	jiàotú	disciple
19.	出家	chū jiā	to go to a monastery or a nunnery
20.	僧侣 （名）	sēnglǚ	monks and priests; clergy
21.	修道院 （名）	xiūdàoyuàn	monastery; convent
22.	松散 （形）	sōngsǎn	loose
23.	神父 （名）	shénfù	father; priest
24.	主教 （名）	zhǔjiào	bishop
25.	教皇 （名）	jiàohuáng	pope
26.	强制 （动）	qiángzhì	to force; to compel
27.	依次 （副）	yīcì	one after another
28.	递减 （动）	dìjiǎn	to decrease progressive by or successively
29.	逊于 （动）	xùnyú	to be inferior
30.	教规 （名）	jiàoguī	canon law
31.	得罪 （动）	dézuì	to offend
32.	剥夺 （动）	bōduó	to deprive
33.	跪 （动）	guì	to go down on one's knees
34.	跣足 （动）	xiǎnzú	to bare one's feet
35.	屈膝 （动）	qūxī	to go down on one's knees
36.	赦免 （动）	shèmiǎn	to remit; to pardon
37.	还俗	huán sú	to resume secular life
38.	朝三暮四	zhāo sān mù sì	chops and changes
39.	准 （前缀）	zhǔn	quasi-
40.	衡量 （动）	héngliáng	to measure; to judge
41.	拘泥 （动）	jū'ní	be confined to
42.	宽泛 （形）	kuānfàn	broad; wide; extensive
43.	居中 （副）	jūzhōng	between two parties; be in the middle
44.	意识形态	yìshi xíngtài	ideology
45.	框架 （名）	kuàngjià	framework
46.	部落 （名）	bùluò	tribe
47.	氏族 （名）	shìzú	clan

第 五 课

词语练习

一 组词：

1. 主宰(世界)　　　主宰(　　)
2. 摆脱(命运)　　　摆脱(　　)
3. 剥夺(权利)　　　剥夺(　　)
4. 居(中)　　　　　居(　　)
5. 准(宗教)　　　　准(　　)

二 请写出下列生词的反义词：

1. 世俗——　　　　2. 来世——
3. 分化——　　　　4. 松散——
5. 递减——　　　　6. 宽泛——

三 请用下列生词填空：

　　分歧　盲目　永恒　强制　依次　赦免　居中

1. 人们都说爱情是(　　)的，说不出道理。
2. 生命不是(　　)的，转瞬即逝。
3. 请大家(　　)领取津贴。
4. 受害人原谅了他，他至少在精神上得到了(　　)。
5. 法院的判决是(　　)执行的，没有商量的余地。
6. 由于双方(　　)较大，所以这个问题被暂时搁置了。
7. 我的成绩不高不低，在班里(　　)。

　　指点迷津　高不可攀　朝三暮四

8. 别(　　)的，认准一件事做下去就成了。
9. 她看起来总是那么(　　)，孤芳自赏的。
10. 若不是有他在旁(　　)，恐怕我一辈子也无法达成心愿。

四 请模仿例句造句：

1. 基督教的平信徒的宗教生活<u>远逊于</u>基督徒。
　　你的句子：＿＿＿＿＿＿＿＿＿＿＿＿＿＿＿＿＿＿＿＿＿。

2. 否认佛教和道教是宗教的观点，过于拘泥(于)西方基督教的标准。
   你的句子：＿＿＿＿＿＿＿＿＿＿＿＿＿＿＿＿＿＿＿＿＿＿＿＿＿。

合作学习

请查找相关资料，提交报告，简要说明世界上一些主要宗教的相关知识。
要求：
   1. 200字左右；
   2. 内容包括：基督教、天主教、新教、佛教、道教；
   3. 说明它们产生的年代、崇拜的神、基本教义。

思考题

1. 你知道孔子吗？知道孔子的哪些名言或者思想？
2. 除了孔子外,你还知道哪些思想家是儒家学派的？

阅读 二

三言两语说儒教

 提示：了解杂文的写作方法。
时间：11分钟。

儒教是否是宗教？对古代的儒生来说，从未成为一个需要认真对待的问题，其之所以成为问题，是因为我们的认知系统先在地存有了"何为宗教"的判定标准，而这个先在的判定标准又是基于对基督教的认识形成的。许多论者往往以儒教没有严格的人格神崇拜作为主要论据来反对儒教是一种宗教，正是上述判定标准下所得出的结论。如果跳出以基督教为标准的认知习惯，我们便很容易接受"儒教是教"的说法。

在我看来，否认儒教具有宗教的性质，其实就等于说中国人先天缺乏宗教情感，也等于说中国人在几千年的生息繁衍中没有产生过超越的冲动。这不仅令人难以置信，而且与历史事实不符。中国人并不缺少宗教情感，也不缺少超越的冲动，只不过他们这种冲动的指向与基督教徒众不太相同。当然，作为一个存在了数千年的文明来说，中国社会也肯定不缺少一个稳定的价值。历史上，儒教正是以其特有的超越指向勾连起了一个独特的意义系统，在数千年的时间里汇聚着中国社会，特别是精英社会的宗教性情感、超越的冲动。从这个意义上说,儒教的确是一种宗教。

儒教作为一种宗教的确有许多独特之处,我们可以随便列举一二:

1. 儒教的思维背景带有较浓厚的原始思维特征。这种原始思维有人称为交感思维,其背景是宇宙生命一体化的信念。它不仅相信万物有灵,还相信万物之灵是相互联系,可以流动和转化的,其较哲学化的表达形式是"天人合一"和"天人感应"等。

2. 儒教的信仰有较浓重的仪式化倾向。一般地说,任何宗教都有其特定的仪式,都需要以一定的仪式来组织信徒、表达信仰。但是儒教对仪式象征意义的依赖是较为突出的,这一点与中国历史上的道教和许多民间宗教是相同的。

3. 儒教的信仰有明显的肉身化倾向。所谓的"肉身化",是指其信仰的超越指向不是遥远的彼岸,不是与世俗世界无甚关系的"天国",而是世俗世界本身。当然,作为信仰指向的世俗世界,与现实的世俗社会并不是一回事,两者之间是有距离、存在张力的。但是不论存在怎样的距离和张力,它与现实的世俗社会毕竟存在同构的关系。它对世俗生活的态度,不是全然的否定,而是积极的参与,甚至常常表现出强烈的改造以使之更加完美的冲动。

4. 儒教的内容核心是宗法伦理。它向上追溯由父亲开始直至祖宗(最终是虚拟的祖宗——"天"),向下可以无穷延伸,向旁系则可以推延而及万物。但是其核心的价值却是"三纲六纪"。

5. 儒教在历史上并无独立的组织结构,其传播主要依靠两个系统:(1)民间的各种形式的教育和传承;(2)国家政权的支持。这种支持表现是多方面的,如建立起以儒学为传授内容的官学制度,建立针对儒教的社会激励机制(如免除徭役、儒生享有司法特权等),特别是建立起有利于儒学的选官任官制度(如科举制)等。依靠这两个系统(其中第二个系统尤其重要),儒教在汉朝由地方性宗教上升为全国性宗教,成为中国文明的替代性描述

用语。

儒教上述特点(除第五个之外)从一个重要的方面反映了中国文明的连续性特征。原始巫术和氏族(宗族)传统在中国早期国家起源阶段的大量留存，影响并最终决定了三代文明的基本特征，"祖述尧舜，宪章文武"的先秦儒教在承袭三代文明时，自觉或不自觉地将这些早期文明的基因以新的方式保留下来。

具有这些特征的儒教在中国历史上到底曾发生过怎样的作用？在今天它还可能发挥怎样的作用？

1. 儒教作为一个信仰系统，曾经为中国社会，特别是精英社会提供了一个稳定的安身立命的精神家园，在一定程度上解决了传统中国人的身心安顿问题。它赋予自在的存在样态和生活方式以意义，使原本处于自然流程中的生命有了超越性的意义追求。与此同时，它也以潜移默化的方式改变和塑造着这种存在样态和生活方式本身。我们很难想象，没有儒教传统的中国人存在和生活的样式会是怎样的。

2. 儒教上述那些特征，深刻地影响了传统中国人精神和物质生活的各个层面。如传统中国人对自然与人类关系的认识、知识建构的方式和方法、对亲情的重视和人群的区分、处理人际关系的行为方式，以及日常生活中偏重于仪式象征主义的行为习惯等。

今天人们倡导复兴儒教，其直接目的之一是要解决现代中国人的身心安顿问题。在他们看来，自儒教崩解之后，中国人就处于茫然而不知所归的状态，当下道德的败坏、行为的失范主要是由信仰的缺位造成的。对这一说法，我有保留地接受，但我的问题是儒教能否有效地解决这些问题？

正如我在上文中已指出的，儒教虽有超越追求，但超越的指向却内在于世俗社会，这种信仰的"肉身化"特征，决定了儒教的超越性是有限的，而"有限"也意味着其对人内在所构成的压力往往是不足的。在外部世界的强力诱惑下，儒教的"义理"和对"人欲"的约制往往是无力的。从积极的一方面说，这样的信仰较为切近人情；从消极的一面说，却不利于人格的自我提升。这一点心学家已有所认识，但是他们并没有真正解决问题。很难想象，在今天它可以老树新花,重新焕发出强力的约束功能。退一步讲,我们即便暂且同意儒教"义理"对精英社会可以发挥身心安顿、规范行为的作用,但对于那些不知儒教义理为何物的普通民众,儒教又如何能发挥同样的功能呢?儒教的义理毕竟高深难解,又有相当的超越性,对于讲求现世现报的百姓,恐怕远不如某些能够立即给予他们幸福允诺的会道门更有吸引力——在中国历史上,普通百姓的宗教信仰选择习惯不正说明了这一点吗?

(选自杨阳《文化秩序与政治秩序——儒教中国的政治文化解读》)

个人理解

1. 看到这个题目,你认为这篇文章主要论述的是哪些问题?
2. 你对文章中的哪个论点最感兴趣?
3. 你同意作者最后的结论吗?

阅读理解

一 请阅读文章第1、2自然段,回答问题:
1. 作者认为儒教从哪个意义上讲是宗教?
2. 那些判定儒教不是宗教的人所持的理由是什么?
3. 作者是运用什么样的方法来展开论述"儒教是宗教"这个论点的?

二 请阅读文章,找出儒教作为宗教的几个独特的特点。

三 请阅读文章,找出儒教在中国历史上发生过的作用。

四 请阅读文章最后两个自然段,回答问题:

1. 作者对复兴儒教的看法。
2. 作者认为儒教能否解决当今的一些社会问题？为什么？

五 请根据文章内容，解释下列说法的意思：
1. 人格神崇拜
2. 万物有灵
3. 天人合一 / 天人感应
4. 信仰的"肉身化"倾向
5. 彼岸

六 作者在论述完儒教作为宗教的独特性之后，有一句话："儒教上述特点（除第五个之外）从一个重要的方面反映了中国文明的连续性特征。"请以个人的意见，简要论述一下这四个特点是如何体现出中国文明的连续性的。

重点词语

1.	三言两语		sān yán liǎng yǔ	in a few words
2.	儒生	（名）	rúshēng	Confucian scholar
3.	认知	（动）	rènzhī	cognition
4.	基于	（动）	jīyú	because of; in view of
5.	先天	（形）	xiāntiān	congenital; in born
6.	生息	（名）	shēngxī	live; exit
7.	繁衍	（动）	fányǎn	to multiply; to procreate
8.	超越	（动）	chāoyuè	to surpass
9.	冲动	（名）	chōngdòng	impulse
10.	难以置信		nányǐ zhìxìn	hard to believe
11.	徒众	（名）	túzhòng	disciple
12.	勾连	（动）	gōulián	to combine with
13.	汇聚	（动）	huìjù	to converge
14.	精英	（名）	jīngyīng	elite
15.	宇宙	（名）	yǔzhòu	universe; cosmos
16.	灵	（名）	líng	soul

17.	转化	（动）	zhuǎnhuà	to turn; to transform
18.	感应	（动）	gǎnyìng	to respond; to interaction
19.	彼岸	（名）	bǐ'àn	the other shore
20.	张力	（名）	zhānglì	tension
21.	同构	（名）	tónggòu	isomorphic
22.	追溯	（动）	zhuīsù	to trace back to
23.	祖宗	（名）	zǔzong	ancestors
24.	虚拟	（形）	xūnǐ	hypothetical
25.	旁系	（名）	pángxì	collateral line
26.	推延	（动）	tuīyán	to infer; to dedude
27.	传承	（动）	chuánchéng	to pass on
28.	免除	（动）	miǎnchú	to exempt; to relieve
29.	徭役	（名）	yáoyì	forced labor; compulsory service
30.	承袭	（动）	chéngxí	to adopt; to follow; to inherit
31.	自觉	（形）	zìjué	consciously
32.	基因	（名）	jīyīn	gene
33.	安身立命		ān shēn lì mìng	settle down in one's life and career
34.	安顿	（动）	āndùn	to find a place for; to arrange for; to settle in
35.	流程	（名）	liúchéng	flow path
36.	潜移默化		qián yí mò huà	exert a subtle influence on
37.	塑造	（动）	sùzào	to portray; to create
38.	复兴	（动）	fùxīng	to revive; to rejuvenate
39.	崩解	（动）	bēngjiě	to collapse
40.	茫然	（形）	mángrán	in the dark; not knowing how to do
41.	败坏	（动）	bàihuài	to ruin; to degenerate
42.	失范	（动）	shīfàn	breaking of norms
43.	焕发	（动）	huànfā	to irradiate; to display vigour
44.	允诺	（动）	yǔnnuò	to promise

词语练习

一 汉语中有"三X两X"这样组词结构,表示数量的稀少,比如课文中的"三言两语"。请再写出三个这样结构的词语。

二 组词:
1. 超越(自我)　　超越(　　)
2. 汇聚(情感)　　汇聚(　　)
3. 转化(能量)　　转化(　　)
4. 难以(置信)　　难以(　　)
5. 免除(徭役)　　免除(　　)
6. 塑造(人格)　　塑造(　　)
7. 焕发(精神)　　焕发(　　)

三 请写出下列词语的反义词:
1. 先天——
2. 虚拟——
3. 自觉——

四 请用下列词语填空:

　　三言两语　难以置信　安身立命　潜移默化

1. 父母对孩子(　　　　)的影响是非常巨大的。
2. 真令人(　　　　),他竟然20年前就来到了这里。
3. 这件事(　　　　)是讲不清楚的。
4. 工作是人们(　　　　)之本。

　　基于　冲动　追溯　承袭　传承　复兴　茫然　允诺

5. 不要轻易给人(　　　　),特别是如果不能做到的话。
6. 他完全(　　　　)了父亲的衣钵,继续着他的事业。
7. 不要(　　　　),要冷静客观地处理此事。
8. (　　　　)这个原因,我们不能接受你入学。

9. 一个民族如果抛弃了历史的(　　)，就不可能有未来。
10. 国家的强大，民族的(　　)，年轻人要担起重要责任。
11. 他站在街头，(　　)四顾，不知该何去何从。
12. 端午节的起源可(　　)至战国时期。

合作学习

一 请找出三条现代汉语仍在使用的出自儒家经典《论语》的成语，并解释意思。

二 请找出5个现代汉语中仍使用的跟佛教有关的词语，并解释意思。

一 语段写作练习：

请根据所给的论点续写完整文章。

要求：

1. 200 字左右；

2. 续写内容是对每个论点的具体解释。

论点：

宗教信仰自由一方面要求尊重每个公民信仰宗教的自由和不信仰宗教的自由……

宗教信仰自由另一方面还要求坚持权利与义务的统一……

二 语篇写作练习：

请综合本课两篇文章的内容，运用概念比对的方法，自拟题目，写一篇论文。

要求：

1. 1000 字左右；

2. 题目的规定格式是："A 是 B 吗？"（比如：佛教是宗教吗？ 儒教是宗教吗？）

 相关链接 ▶▶▶▶

1. 参观当地的庙宇、道观，了解道教、佛教文化。

2. 请在当地的知识分子中做调查，了解儒家思想对他们的人生、政治等观念的影响。

从这两篇文章,你学到了什么?

1. _____

2. _____

第六课

学习目的

1. 内容提示：关于美与哲学的界定。
2. 写作要求：通俗易懂的哲学论文写作。

思考题

1. 当你表述一个人或者一个事物是美的时候,实际上包含了哪些内容?
2. 你认为人类对美有共同的标准吗？如果有,是什么?

阅读 一

美是什么？

 提示：学会从不同的角度来界定一个概念。
 时间：8分钟。

要问美是什么,首先得注意"美"这个词的含义是什么。

从字源学看,根据《说文解字》:羊大为美,认为羊长得很肥大就"美"。这说明美与感性存在,与满足人的感性需要和享受(好吃)

有直接关系。

另种看法是羊人为美。从原始艺术、图腾舞蹈的材料看,人戴着羊头跳舞才是"美"字的起源,"美"字与"舞"字与"巫"字最早是同一个字。这说明,"美"与原始的巫术礼仪有关,具有某种社会含义在内。

如果把"羊大为美"和"羊人为美"统一起来,就可以看出:一方面"美"是物质的感性存在,与人的感性需要、享受、感官直接相关;另一方面"美"又有社会的意思和内容,与人的群体和理性相连。而这两种对"美"字来源的解释有个共同趋向,即都说明美的存在离不开人的存在。

在古代,"美"和"善"是混在一起的,经常是一个意思。《论语》讲"里仁为美",又讲子张问:"何谓五美?"孔子回答说:"君子惠而不费,劳而不怨,欲而不贪,泰而不骄,威而不猛。"这里的"美"讲的都是"善"。据有人统计,《论语》中讲"美"字十四次,其中十次是"善"、"好"的意思。在古希腊,美、善也是一个字。所以,似乎可以说,这些正是沿着"羊人为美"这一偏重社会性含义下来的。但同时,"美"、"善"也在逐渐分化,《论语》里就有"尽美矣,未尽善也"等等。

上面是从字源学来讲,那么"美"字在今天日常的语言中,到底又是什么意思呢?它一般又用在什么地方呢?在我看来,它至少可分为三种,具有三种相联系而又有分别的含义。

第一种,它是表示感官愉快的强形式。饿得要命,吃点东西,觉得很"美"。热得要死,喝瓶冰镇汽水,感到好痛快,脱口而出:"真美。"在老北京,大萝卜爽甜可口,名叫"心里美"。"美"字在这里是感觉愉快的强形式的表达,即用强烈形式表示出来的感官愉快。实际也可说是"羊大为美"的沿袭和引申。

第二种,它是伦理判断的弱形式。我们经常对某个人、某件事、某种行为赞赏时,也常用"美"这个字。把本来属于伦理学范围的高尚行为的仰慕、敬重、追求、学习,作为一种观赏、赞叹的对象时,常用"美"这个字以传达情感态度和赞同立场。所以，它实际上用一种伦理判断的弱形式，即把严重的伦理判断用欣赏玩味的形式表现出来，这可说是上述"羊人为美"、"美善不分"的延续。

第三种，专指审美对象。在日常生活中，"美"字更多是用来指使你产生审美愉快的事物、对象。我们到承德，参观避暑山庄和外八庙，感到名不虚传，果然"美"。看画展，听音乐，种种艺术欣赏，也常用"美"这个词。这当然就属于美学的范围了。这就不是伦理道德的判断，也不是感官愉快的判断，而是审美判断了。

但是，就在美学范围内，"美"字的用法也很复杂，也包含有好几层(种)含义。对承德的园林、庙宇，我们用"美"这个词，但是对磬锤山，我们就并不一定用"美"，而是用"奇特"这个词来赞赏它。读抒情诗、听莫扎特，常用"美"来赞叹，但是我们读《阿Q正传》，听贝多芬，却不一定用"美"这个词。特别是欣赏现代西方艺术，例如看毕加索的画，便很少会用"美"来表达。几十年前，西方就有好些人主张取消"美"这个词，用"表现"来替代它。此外，又如西方从希腊起用的"崇高"，便是与"美"并列的美学范畴，其中包含丑的因素。在中国，大概与传统哲学思想有关系，习惯上却都用"美"这个词，例如阳刚之美、阴柔之美、壮美、优美等等，把"崇高"等等也都算作"美"了。其实，"古道西风瘦马"与"杏花春雨江南"，便是两种根本不同的美；悬崖峭壁与一望平川，也是不同的美。但由于中国传统经常把一切能作为欣赏对象的事物都叫"美"，这就使"美"这个词泛化了。它并不能完全等于英文的"beauty"，而经常可以等同于一切肯定性的审美对象，就是说，把凡是能使人得到审美愉快的欣赏对象就都叫"美"。

（选自李泽厚《美学四讲》）

个人理解

1. 看完这篇文章,你对美的概念有什么改变?
2. 读这篇文章时,哪一部分你觉得最难懂?
3. 你认为这篇文章最大的写作优点是什么?

阅读理解

一 请认真阅读全文,根据文章内容完成下列图表:

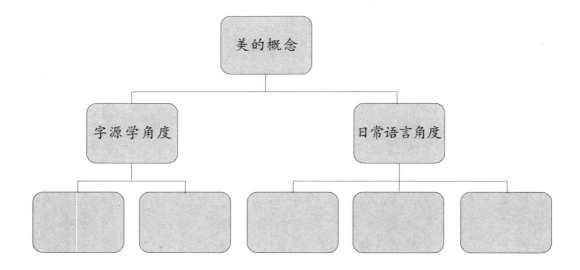

重点词语

1. 感性　（名）　gǎnxìng　　perception; perceptiveness
2. 图腾　（名）　túténg　　　totem
3. 巫术　（名）　wūshù　　　witchcraft; sorcery
4. 感官　（名）　gǎnguān　　sense or sensory organ

第六课

5.	趋向	(名)	qūxiàng	trend; inclination
6.	混	(动)	hùn	to mix
7.	偏重	(动)	piānzhòng	to partially stress
8.	尽善尽美		jìn shàn jìn měi	acme of perfection
9.	冰镇	(动)	bīngzhèn	to iced
10.	萝卜	(名)	luóbo	radish
11.	可口	(形)	kěkǒu	tasty
12.	沿袭	(动)	yánxí	to follow
13.	引申	(动)	yǐnshēn	to extend the meaning of a word
14.	高尚	(形)	gāoshàng	noble; lofty; elegant
15.	仰慕	(动)	yǎngmù	to admire
16.	敬重	(动)	jìngzhòng	to deeply respect
17.	赞叹	(动)	zàntàn	to marvel at
18.	玩味	(动)	wánwèi	to ponder
19.	延续	(动)	yánxù	to continue; to prolong
20.	审美	(动)	shěnměi	to aesthetic
21.	名不虚传		míng bù xū chuán	be true to one's name
22.	美学	(名)	měixué	aesthetics
23.	奇特	(形)	qítè	unusual
24.	抒情	(动)	shūqíng	to express or convey one's emotion
25.	崇高	(形)	chónggāo	lofty; noble
26.	范畴	(名)	fànchóu	domain; scope
27.	阳刚	(形)	yánggāng	masculinity; virility
28.	阴柔	(形)	yīnróu	feminine
29.	壮美	(形)	zhuàngměi	beautiful and magnigicent
30.	悬崖	(名)	xuányá	cliff
31.	峭壁	(名)	qiàobì	cliff
32.	平川	(名)	píngchuān	plain
33.	等同于	(动)	děngtóngyú	to be equal to

词语练习

一 请写出下列生词的反义词：
1. 感性——　　2. 分化——
3. 延续——　　4. 阳刚——

二 词义辨析填空：

等同于　等于
1. 一加一（　　）二。
2. 我这么说并不（　　）我会同意你这么做。

范畴　范围
3. 此次事件涉及的（　　）极广。
4. 这个概念属于数学（　　）。

崇高　高尚
5. 老先生品德（　　），堪为师范。
6. 这是一个（　　）的事业。

奇特　特别
7. 那儿真是个（　　）的地方。
8. 这是我（　　）为你准备的。

延续　继续
9. 怎样把这个传统（　　）下去,已经成了当前最为重要的课题。
10. （　　）写吧,我不打扰你了。

偏重　偏爱
11. 几个孩子之间,我比较（　　）小女儿。
12. 此次考试（　　）口语部分。

仰慕　羡慕

13. 我小时候特别(　　　)她妈妈能每天陪她。
14. 孩子怀着无比(　　　)的心情去拜访了那个作家。

三　请用下列生词填空：

混　可口　沿袭　玩味　赞叹　敬重　名不虚传　尽善尽美

1. 这个菜太(　　　)了,我吃不够。
2. 他仔细地(　　　)着这个玉器,希望能判断出它的具体年代。
3. 大家都很(　　　)他的为人。
4. 不要把甜的和咸的东西(　　　)在一起。
5. 他的作品(　　　)了他以往一贯的风格。
6. 他们的团队精神令人(　　　)。
7. 她凡事都想做到(　　　),没有一点缺陷。
8. 以前就听说过那里,实地一游之后,发现真是(　　　)啊!

合作学习

分别采访不同年龄、不同国籍、不同性别的人,调查、总结一下他们认为的漂亮的标准。

思考题

1. 你认为哲学是研究什么的学科？
2. 你认为如果没有哲学思考，人类的生存状态会怎样？

阅读 二

什么是哲学？

 提示：学会运用层层深入解析的方法界定一个概念。
 时间：11分钟。

　　什么是物理学？什么是法学？或者什么是政治学？这些问题可以有很明确的答案，因为这些学科的对象和界限很明确。但是，如果问"什么是哲学"，那么答案就不那么简单。在不同哲学家那里，对这个问题的回答各不相同。在中国，通行的说法是"哲学是一种世界观"。问题是，几乎所有科学都是一种世界观，至少是构成世界观的一部分。谁能否认物理学也是一种世界观？如果说哲学是一种世界观，那么，它恰恰是一种最可有可无的世界观。因为作为世界观的哲学完全依赖于其他学科。所以，把哲学视为一种世界观不仅无法使哲学与其他学科区别开来，而且将使哲学丧失掉作为一门学科存在的理由。

　　在中文里，"哲学"作为一个学科名称是从西文里的 Philosophie(philosophy)直接翻译过来的。不过，用"哲学"来译这个西文词，是日本学者的工作。在中国近代西学东渐的过程中，有许多重要的学术概念都是直接借鉴了日本学者的翻译。实际上，这是一个不幸的曲折经历。因为日语里用的汉语词大多并不具有承担本源问题与原创性思想经验的功能，而西学里的核心概念都是古希腊

第六课

人在回答本源问题时提出来的，因而都承担着原创性思想经验与事物的原初意义。就 Philisophie 这个西语词来说，它来自古希腊语 jilosojia，原初意思就是"热爱、追求智慧"。作为一种活动而言，Philosophie 就是一种通过追问智慧的问题而使人变得有智慧的精神活动；作为学科而言，Philosophie 就是一门通过追问智慧的问题来使人能够智慧地生活的学问。

那么，什么样的问题是智慧的问题？就古希腊人来说，智慧的首要问题就是追问世界的"始基"问题或"本源"问题。而追问世界的本源问题，也就是追问变动世界中可靠的绝对根基的问题。在这个变幻不定的世界里，我们在什么地方才能立定脚跟呢？寻得心灵上立定脚跟的问题，也就是寻找能够把我们的生命或生活担当起来、支撑起来的可靠支撑的问题。因它可靠，我们可以生活得安然和踏实；因它可靠，我们可以坚定地打开我们的希望和未来，因而可以生活得有信心、有力量。简单说，因它可靠，我们的生活既能经受起苦难的重压，也能经受起幸福的诱惑。

我们知道，在这之前，希腊人与其他古代民族一样，都生活在神话世界或原始宗教里，人与他人他物都是处在一种不确定的梦幻般的关系中。也就是说，人的生活与存在是不确定的，处在隐身与现身、转化与变换之中。在神话或原始宗教里，不仅个人，甚至作为类存在的人，都是没有自我同一性的身份，也没有对自我同一性身份的意识与要求——人与神甚至与动、植物没有明确的界限。世界的本源问题的提出，就像一道光芒从人类的心灵世界划过，照亮了人与他物的明确界限，从而召唤了人类对自身身份的意识与追问——人在这个世界上究竟处在什么位置上？人在什么地方能立定自身？从根本上说，本源问题的提出意味着人类试图透过变幻不定的现象事物去寻找可以立定自身的确定性与可靠性。也就是说，在本源问题里，一方面表明人类对纷繁变幻的现象事物持不信任、不满足的态度；另一方面表明，人类相信透过这些现象事物可以找到使自身能够立定其上的确定性与可靠性。追问世界的本源也就是要在这个世界寻找确定、可靠的立足点。

所谓"世界的确定性与可靠性"，也就是绝对性。因为从根本上说,只有绝对的一或绝对的存在者,才能够是可靠的和确定的。所以,我们可以进一步说,追问世界的本源问题,也就是探究绝对性的问题,本源问题的提出意味着开始了对绝对的意识与觉悟。因此,追问世界本源的问题,从根本上说也就是追问绝对的问题。而人类对本源的追问,实际上隐含着对人自身的身份的觉悟与确认。因为人类之所以会去追问世界的本源问题,在根本上是为了人本身的生活与存在寻找可以立身其上的可靠支点,以免人类在变幻不定的宇宙面前茫然失措或惶惶不可终日。不管是作为古希腊第一个哲学家的泰勒斯把世界的本源归为"水",还是苏格拉底、柏拉图把"理念"当作世界的原型,都既是为世界寻找确定性的本源,也是为人自身的存在与生活寻找绝对性的根据。实际上,对本源的追问,不管是以思想的方式追问,还是以宗教的方式追问,都同时隐含着对人自身的身份的追问。回到本源而与本源共在,也就是人回到自身,即回到自己本来在的位置上。因而,回到自身在根本上也就是回到自在的自由存在。在这个意义上,对本源的追问都或强或弱地召唤着对人的自由的觉悟。对本源的守护在根底上也是对自由的守护。

因此,对本源,从而对绝对的追问和觉悟,在人类史上是一件最伟大的事件。因为它在根本上意味着人类开始了依靠自己自觉的精神力量寻求自立与自由的漫长历程。

所以,从根本上说,世界的本源问题,就是人在这个世界上的安身立命的问题。在这个意义上,Philosophie 作为一门学科,其任务就是"为天地立心,为生民立命"。

(选自《中国哲学史》2004年第3期黄裕生文章)

第 六 课

个人理解

1. 读完这篇文章之后,你能清楚地回答"什么是哲学"这个问题吗?
2. 你对文章中的哪一部分论述最感兴趣?
3. 你认为这篇文章难懂吗?哪儿最难懂?

阅读理解

一 请认真阅读全文,给这篇文章写一个摘要:

要求:

1. 300字左右;
2. 摘要内容包括:
   (1) 哲学为什么不能用"世界观"来定义?
   (2) 汉语"哲学"一词的由来;
   (3) 哲学这一学科的由来:
      a. 哲学在西文中的含义及其最早的产生;
      b. 哲学产生的过程;
      c. 哲学对于人类的意义。
3. 结论。

 重点词语

1. 界限	(名)	jièxiàn	demarcation or dividing line
2. 世界观	(名)	shìjièguān	world outlook
3. 可有可无		kě yǒu kě wú	indispensable; not essential
4. 丧失	(动)	sàngshī	to lose
5. 借鉴	(动)	jièjiàn	to learn from

6. 不幸(形)	búxìng	unfortunate
7. 承担(动)	chéngdān	to undertake; to bear
8. 本源(名)	běnyuán	origin; source
9. 原创(动)	yuánchuàng	to create
10. 核心　(名)	héxīn	core
11. 智慧　(名)	zhìhuì	wisdom
12. 脚跟　(名)	jiǎogēn	heel
13. 担当　(动)	dāndāng	to take on; to undertake
14. 支撑　(动)	zhīchēng	to prop or hold up
15. 安然　(形)	ānrán	safe; at ease
16. 踏实　(形)	tāshi	at peace; free from anxiety
17. 诱惑　(名)	yòuhuò	entice; seduce; lure
18. 隐身　(动)	yǐnshēn	to hide or cover oneself
19. 现身　(动)	xiànshēn	to show oneself
20. 同一性　(名)	tóngyíxìng	identity
21. 光芒　(名)	guāngmáng	rays of light; brilliant rays
22. 召唤　(动)	zhàohuàn	to call; to summon
23. 试图　(动)	shìtú	to attempt
24. 变幻　(动)	biànhuàn	to change irregularly
25. 纷繁　(形)	fēnfán	numerous and complicated
26. 立足点　(名)	lìzúdiǎn	standpoint
27. 觉悟　(名)	juéwù	come to realize
28. 隐含　(动)	yǐnhán	to imply
29. 支点　(名)	zhīdiǎn	strongpoint
30. 茫然失措	mángrán shīcuò	be helpless
31. 惶惶不可终日	huánghuáng bù kě zhōng rì	be in a constant state of anxiety
32. 自立　(动)	zìlì	to be self-supporting
33. 历程　(名)	lìchéng	course; experience

第六课

词语练习

一 组词：

1. (世界)观　　　　　(　　)观
2. 可(有)可(无)　　　可(　　)可(　　)
3. 丧失(理由)　　　　丧失(　　)
4. 承担(功能)　　　　承担(　　)
5. 借鉴(翻译)　　　　借鉴(　　)

二 请找出下列生词的本义和引申义：

1. 光芒
   本义：_____
   引申义：_____

2. 支点
   本义：_____
   引申义：_____

3. 支撑
   本义：_____
   引申义：_____

4. 脚跟
   本义：_____
   引申义：_____

三 词义辨析填空：

　　历程　过程

1. 请把事情发生的(　　)一一说出来吧。
2. 生命的(　　)可以是非常漫长，也可以极其短暂。

　　自立　独立

3. 你能(　　)完成这个任务吗？
4. 应该早早让孩子学会(　　)。

高级汉语阅读与写作教程 II

　　隐含　暗示
5. 他（　　）说这件事是那个人做的。
6. 她的问题中已经（　　）了答案。

　　试图　企图
7. 我们现在还不清楚他到底有什么（　　），所以先静观其变吧。
8. 我（　　）说服她，但失败了。

　　担当　承担
9. 这个职位必须要由40岁以上的人来（　　）。
10. 既然是自己的责任，那就要勇于（　　）。

　　支撑　支持
11. 自从父亲去世后，母亲一个人（　　）着这个家。
12. 不管你做什么决定，我都全力（　　）你。

四 请用下列词语填空：

　　界限　不幸　核心　安然　踏实　诱惑
1. 面对（　　）的时候不动摇，才有可能成功。
2. 他（　　）在这次空难中遇难了。
3. 听完了妈妈的故事以后，孩子（　　）入睡了。
4. 不把这篇文章看完，明天考试的时候心里不（　　）。
5. 两个学科的（　　）到底在哪里？该如何区分呢？
6. 讲演的（　　）内容是环保问题。

　　立足点　茫然失措　惶惶不可终日
7. 罪犯在等待判决期间，非常不安，可以说是（　　）。
8. 看着孩子（　　），不知该如何是好的样子，妈妈很心疼。
9. 要看他的（　　）是什么，这样才能理解他的想法。

合作学习

一 请合作讨论,哪些问题属于哲学范畴?

二 请读一本哲学小册子,每个同学分别读其中一章,然后向全班同学介绍该章的主要内容。

一 语段写作练习：

请根据每段的提示语句将文章续写完成。

要求：

    1. 每段在100字左右；

    2. 完成以后的文章将完成对艺术的定义的界定。

第一段：

    艺术就是"人类的一种创造的技能"，这是从客观的方面讲；从主观的方面——艺术家的方面——来说，艺术就是……

第二段：

    艺术的性质，古来说者不一……

二 语篇写作练习：

请以"美学是什么"为题目，运用本课的写作方法，写一篇文章。

要求：

    1. 1000字左右；

    2. 内容包括：

        （1）"美学"一词的由来及其词义；

        （2）美学所研究的对象；

        （3）你们国家的美学研究状况。

    3. 结论。

 相关链接 ▶▶▶▶

查找阅读：李泽厚《美的历程》、《美学四讲》、《华夏美学》。

从这两篇文章,你学到了什么?

1. _____

2. _____

第七课

学习目的

1. 内容提示：关于爱的几种误解的表现、产生原因分析。
2. 写作要求：心理学现象分析。

思考题

1. 你认为爱是需要学习的吗？是否有人不具备爱的能力？或者说爱为什么会有失败？
2. 你认为爱是昙花一现的还是永恒持久的？

阅读

爱是一门艺术吗？

 提示：学会通过批驳反面观点论证自己的结论。
时间：11分钟。

爱是一门需要知识和努力的艺术呢，还是一个人偶然幸运地体验并陶醉的一种快感呢？毫无疑问，大多数人相信第二个观点——爱只是一种快感。尽管如此,这本书却还是基于第一个观点——爱是一门艺术,它需要知识和努力。

当然,那并不是说人们认为爱不重要。人们渴望着爱,他们没完没了地观看有关欢乐和悲哀的爱情故事的电影,倾听很多毫无价值的爱情歌曲——然而,几乎每一个人都认为:爱没什么可学的。

这种特殊的态度基于几个前提,而这些前提往往分别地或共同地支持这种态度。大多数人把爱只是简单地看成被爱的问题,而不是看成爱人及自己有无爱人的能力的问题。因此,在他们看来,问题是怎样被爱,怎样得到爱,怎样变得可爱。为了追求这个目的,他们采用几条途径:其一,尽可能取得成功,取得与个人的社会地位相称的权力和财富,这条途径特别为男人所采用;其二,梳妆打扮,衣着华丽,使自己更富有吸引力,这条途径尤其为女人所采用。其他一些被男人和女人采用的、使自己富有吸引力的途径是养成令人愉快的生活习惯,谈笑风生、助人为乐,谦逊而不冒犯别人。有很多让自己变得可爱的途径,类似于使自己取得成功的那些途径,如"赢得朋友,影响他人"。其实,在我们的文化观念中,大多数人所指的可爱基本上是时髦和性吸引力的混合物。

隐藏在爱没有什么可学的态度后面的第二个前提是:爱的问题就是爱的对象的问题,而不是爱的能力的问题。人们认为爱是简单的,但是要找到一个合适的爱的对象——或为其所爱——则是困难的。持这种态度有几个原因,他们同现代社会发展是密切相关的,其中之一是20世纪对爱的对象的选择发生了巨大变化。在维多利亚时代,爱,正如在很多传统文化中一样,通常来讲并不是一种自发的并导致婚姻的隐私经验;相反,婚姻是通过传统的风俗习惯确定的——要么通过双方家庭,要么通过一位媒人,或者不需要中间人的介绍。婚姻是在考虑社会需要的基础上最后做出的决定,一旦做出婚姻

的决定,爱就理所当然地发展下去。在过去几代人中,浪漫式的爱的思想在西方世界中极为普遍。在美国,虽然并非完全不考虑传统的爱,但是人们在很大的程度上寻求的是浪漫式的爱,寻求导致婚姻的隐私经验。在爱的方面,这种自由的新思想,同爱的作用相比,大大地增加了爱的对象的重要性。

同这种爱的对象因素密切相关而又具有当代文化特色的另一个特点是,我们的整个文化基于购买欲上,基于互利交易的观点上。现代人的快乐就在于一股劲儿地溜达逛商店,浏览商品橱窗,用现金或通过分期付款来购买他能支付得起的一切。他或她以同样的方式对待人。对男人来说,具有吸引力的女人是他们所追求的极好的东西;对于女人来说,具有吸引力的男人是她们所追求的极好的东西。吸引力通常意味着在人格市场上被追求的流行的优质产品。特别使人富有吸引力的因素,无论在精神上或在物质上都是由时代风尚决定的。在20年代,一个酗酒、抽烟、泼辣、富有性感的女人是具有吸引力的;今天的时代风尚更多地要求女性贤惠和羞怯。19世纪末20世纪初,男人一定要雄心勃勃、富有进取心——今天他必须熟谙世故、善于交际、宽宏大度——以便成为一种具有吸引力的"产品"。在任何情况下,只有考虑到这种具有人性的商品不超过自己所能购买的范围,才常常会产生爱上一个人的感受。我只是一心为了交易。从社会价值来看,爱的对象应该是称心如意的;同时爱的对象也考虑到我的全部财产和潜在能力而应该需要我。因此,两个人根据自己交换价值的条件,一旦在市场上发现有最好的对象,他们就产生了爱。像购买不动产一样,能发挥的潜力在这种交易中常常起相当大的作用。在市侩型意识流行的文化中,在物质上的成功具有特殊价值的文化中,人的爱情关系和调节商品市场与劳动力市场的交换,都遵循同一模式,这种现象是不足为奇的。

认为爱没有什么可学的第三个错误在于混淆了"爱上"一个人的最初经验和对一个人"爱"的永久状态——或者我们不妨说"处于"爱一个人的永久状态。假如两个素昧平生的陌生人,像我们大家一样,突然让两人之间的大墙倒塌,他们感到越来越近,最后成

第七课

为一体,那么成为一体的一刹那是生活中经历最快乐最兴奋的时刻。对于已被隔绝,孤寂而没有爱的人来说,它更是美妙而神奇。但是,这种爱就其本性而言并不长久,只是昙花一现。这两个人渐渐熟悉,而亲密行为的神秘色彩却日渐褪去,直至最后他们的冲突、失望及相互间的厌烦把最初剩下的兴奋经验葬送殆尽。然而,开始时他们根本不知道这些,事实上,他们只是把相互间如痴如醉的迷狂状态当作双方强烈地爱的明证;与此同时,它也许仅仅表明他们以前孤独的程度。

尽管这种态度——再没有什么东西比爱更容易的了——得到截然相反的证明,可是它仍然成为一种对爱流行的看法。几乎没有哪一种活动、哪一项事业会像爱那样一开始充满着希冀和期望,而最后又常常失败。如果在其他的活动中出现这种情况,人们也许会渴望知道失败的原因,渴望学会怎样做得更好一些,或者干脆放弃这种活动。既然在爱的问题上,人们要放弃爱是不可能的,那么似乎只有一种合适的办法来克服爱的失败,这种办法乃是探讨爱的失败的原因,进而探究爱的意义。

(选自弗洛姆《爱的艺术》)

个人理解

1. 读到这篇文章的题目时,你的回答是什么?为什么?
2. 读完这篇文章之后,你对作者的哪个观点最感兴趣?
3. 如果你是作者,你会采用什么手法来写"爱是一门艺术"这样的文章?

阅读理解

一 请给文章划分段落,并说明段落大意:

第一段:从第_____自然段到第_____自然段
大意:

第二段:从第_____自然段到第_____自然段
大意:

第三段:从第_____自然段到第_____自然段
大意:

二 请阅读文章第1、2自然段,回答问题:
1. 作者实际上的观点是什么?
2. 作者提出了哪种不正确的观点,并加以批驳?

三 请阅读文章第3—6自然段,用三句话简单总结原因:
为什么"爱没什么可学的"这种观点流行当世?
1. _____
2. _____
3. _____

四 请阅读文章第4—5自然段,简单总结原因:
为什么人们认为找到合适的爱的对象,爱的问题就可以解决了?
1. _____
2. _____

五 请阅读文章第5自然段,然后分析该段的论述思路和论述方法。

六 请再一次阅读文章第3—6自然段,然后用自己的话总结作者在文章中一共提及到了哪几种不同类型的爱?

七 请找出课文中所有带有破折号(——)的句子,然后说明破折号在这里的作用。

 重点词语

1.	陶醉	(动)	táozuì	to be intoxicated
2.	快感	(名)	kuàigǎn	pleasure
3.	没完没了		méi wán méi liǎo	not over or through
4.	梳妆打扮		shūzhuāng dǎbàn	make oneself up
5.	谈笑风生		tánxiào fēngshēng	talk cheerfully and humorously
6.	助人为乐		zhù rén wéi lè	find it a pleasure to help others
7.	谦逊	(形)	qiānxùn	modest
8.	冒犯	(动)	màofàn	to offend
9.	媒人	(名)	méiren	matchmaker
10.	中间人	(名)	zhōngjiānrén	middle-man; go-between
11.	理所当然		lǐ suǒ dāng rán	as a matter of course; naturally
12.	互利	(形)	hùlì	mutual benefit
13.	交易	(名)	jiāoyì	transaction; deal
14.	溜达	(动)	liūda	go for a walk
15.	浏览	(动)	liúlǎn	to browse
16.	橱窗	(名)	chúchuāng	show window
17.	酗酒	(动)	xùjiǔ	to be alcoholic
18.	泼辣	(形)	pōlà	shrewish; rude
19.	贤惠	(形)	xiánhuì	virtuous and kind
20.	羞怯	(形)	xiūqiè	shy; timid
21.	雄心勃勃		xióngxīn bóbó	ambitious
22.	进取心	(名)	jìnqǔxīn	enterprising spirit
23.	熟谙	(动)	shú'ān	to be well acquainted with
24.	世故	(形)	shìgù	ways of the world
25.	大度	(形)	dàdù	magnanimous
26.	称心如意		chèn xīn rú yì	to one's heart content
27.	潜在	(形)	qiánzài	potential

28. 市侩 （形）	shìkuài	vulgar and detestable person
29. 模式 （名）	móshì	pattern
30. 不足为奇	bù zú wéi qí	nothing remarkable
31. 混淆 （动）	hùnxiáo	to confuse
32. 素昧平生	sù mèi píngshēng	have never met
33. 倒塌 （动）	dǎotā	to collapse
34. 刹那 （名）	chànà	instant; split second
35. 隔绝 （动）	géjué	to isolate
36. 昙花一现	tánhuā yí xiàn	be a flash in the pan; last only briefly
37. 褪 （动）	tuì	to fade
38. 葬送 （动）	zàngsòng	to ruin; to wreck
39. 殆尽 （动）	dàijìn	almost; nearly
40. 如痴如醉	rú chī rú zuì	be intoxicated
41. 截然相反	jiérán xiāngfǎn	contrary completely

词语练习

一、组词：

1. (快)感　　　　(　　)感
2. 互(利)　　　　互(　　)
3. (进取)心　　　(　　)心
4. 葬送(青春)　　葬送(　　)
5. (葬送)殆尽　　(　　)殆尽
6. 没(完)没(了)　没(　　)没(　　)
7. 如(痴)如(醉)　如(　　)如(　　)

二、词表中"刹那"表示非常短的时间，请再写出三个表示这样意思的词语。

三　以下是词表中出现的表示人的性格、心理或者态度的词语，请给它们分类，并说明每个词的具体含义：

贤惠　泼辣　羞怯　世故　市侩　大度　谦逊

描写性格的词语：

描写态度(心理)的词语：

四　请用下列词语填空：

冒犯　隔绝　潜在　混淆　倒塌　陶醉

1. 所有人都（　　）在这美妙的音乐里。
2. 在警察的高强度审讯下，他的心理防线彻底（　　）了。
3. 我本无意，如有（　　），请多多包涵。
4. 我们要把一切（　　）的风险降低到最小程度。
5. 过了这么多年与世（　　）的生活，他已经不知该如何与人相处。

五　请用下列成语替换画线部分：

没完没了　谈笑风生　助人为乐　理所当然　雄心勃勃
称心如意　不足为奇　素昧平生　昙花一现　如痴如醉

1. 我和他这辈子从来<u>没见过面</u>，怎么能称得上是朋友呢？（　　　　）
2. 每个国家都应拥有领土完整、独立主权，这是<u>非常合理</u>的想法。
　　　　　　　　　　　　　　　　　　　　　　　　（　　　　）
3. 你别这么吃惊，真的<u>没什么值得奇怪的</u>。（　　　　）
4. 他的讲演<u>无休无止</u>，听的人都已经很不耐烦了。（　　　　）
5. 雷锋一辈子都把<u>帮助别人当作非常快乐的事</u>。（　　　　）
6. 刚参加工作的时候，他真的是<u>有非常远大的理想</u>。（　　　　）
7. 很多明星都是<u>红得很快，消失得也很快</u>。（　　　　）
8. 他陶醉在美妙的乐曲声中，<u>好像醉酒一样，又好像痴傻了一样</u>。
　　　　　　　　　　　　　　　　　　　　　　　　（　　　　）
9. 中国传统的婚礼中，新郎用秤杆挑开新娘的红盖头，意思是对新娘<u>非常满意</u>。（　　　　）
10. 人群中你一眼就能认出他来，因为他总是<u>大声、爽朗地说着话、笑着</u>。
　　　　　　　　　　　　　　　　　　　　　　　　（　　　　）

合作学习

一 请写出20个带有"爱"字或者"恋"字的词语。

二 请调查不同性别、不同年龄、不同国籍的人,询问他们心目中理想的爱的标准。

思考题

1. 你认为自爱与自恋是一样的吗？为什么？
2. 你认为自私的人是否就是特别爱自己、关心自己的人？

阅读 二

爱的对象——自身的爱

 提示：学会运用逻辑推理的方法证明观点推演结论。
时间：11分钟。

把爱的概念应用于不同的对象，固然不会引起异议，但是"爱别人是美的，爱自己是邪恶"已成了一种流行甚广的信仰。一般是假定，倘若我在一定的程度上爱自己，那么我就在一定的程度上不能爱别人。所以人们认为，自身的爱无异于自私自利。这种观点要追溯到西方的思想。加尔文认为，自爱是"一种有害的东西"；弗洛伊德在心理分析术语中讲到了自身的爱，但是他对自身的爱的评价同加尔文的评价不差上下。在弗洛伊德看来，自身的爱与自恋是一回事，是力比多转向自身的关键。自恋是在人的发展中最早阶段的心理表现。在后来的生活中又回到这种自恋阶段的人，是无能力爱人的；在极端的情况下，他会变得精神失常。弗洛伊德假定，爱是力比多的表现，力比多要么指向他人——爱人，要么指向自己——自爱。自爱越多，爱人就越少。因此，自爱和爱人在这个意义上是互相排斥的。如果自身的爱是有害的，那么就会产生无私无利是美德的观点。

这样，一些问题便纷至沓来：心理学上的观察会支持自爱和爱人是根本对立的这一观点吗？自身的爱与自私自利是相通的现象还是相悖的事物？还有，现代人虽然在知识上、情感上和身体上具有全部的潜能，但是作为一个人，他那自私自利真意味着对他自身关心吗？难道他没有成为社会、经济地位中的一个附属物吗？他的自私自利同自身的爱是一回事吗呢？抑或它不是因为真正缺乏自身的爱造成的呢？

在开始进行自身的爱和自私自利心理学方面的讨论之前，我们应该强调在爱人和自爱相互排斥的概念上的逻辑错误。如果作为一个人，爱自己的邻人是一种美德的话，那么，它——既然我也是一个人，我爱自己——必须是美德，而非邪恶；根本不存在我自己不被包括进去的人的概念（即一切人的概念必须把我包括进去）。公开宣称有一种例外的教条，本身就证明了本质上的自相矛盾。在《圣经》中表达的"像爱你自己一样爱你的邻人"的思想意指对个人自身完善和独立的尊敬，对个人自身的爱和对个人自身的了解绝不能脱离对另一个人的尊敬、了解和爱。对自身的爱和对他人的爱是密不可分的。

我们现在已提出了论点的结论所基于的基本前提。通常说，这些前提是：不仅仅是别人，而且我们自己都是我们的情感和态度指向的对象；对别人的态度和对我们自己的态度一点也不矛盾，从本质上讲是紧密联系在一起的。根据我们所讨论的问题，这意味着：对别人的爱和对我们自己的爱并不是二者择一或顾此失彼的。相反，人们往往可以发现，那些能爱别人的人，他们有一种自爱的态度。在原则上，被爱的对象和人的自身之间的关系而言，爱是不可分开的。真正的爱是具有创造性的一种表现，它包含了关心、尊敬、责任感和了解。它不是在为某人所激动的意义上的一种情感，而是对所爱的人的成长和幸福的一种积极努力。这种努力，同一个人的爱人能力是密不可分的。

爱某人就是爱的能力的实现和集中。寓于爱中的根本肯定，作为本质上具有人类特点的具体表现，是指向所敬爱的人。对一个人的爱,本身就意味着对人类的爱。对人类的爱并不是像人们常常认为的那样是紧跟在对一个具体人的爱后面的一种抽象的爱,而是对一个具体人的爱的前提和基础,虽然它是在爱具体人的过程中形成的。

　　从这一点上,便可以产生一个结论:我自身,就像另一个人一样,是我所爱的对象。对一个人自身生活、幸福、成长、自由的肯定,同一个人的爱人能力有密切关系。那就是说,同关心、尊敬、责任感及了解有密切的关系。如果一个人能善于爱人,那么他也爱自己;如果一个人仅仅爱别人,那么他根本不能爱别人。

　　既然爱别人与爱自己在原则上是紧紧联系在一起的,那么很明显,自私自利的人就根本不是诚心诚意地关心别人,而我们怎么来解释这种现象呢?自私自利的人,仅仅对自己感兴趣,为自己获得一切东西,不乐于给予,只一味索取。他仅仅是从他能否自外界获得什么东西的角度出发来看待外部世界,对别人的需要漠不关心,对别人的尊严和完善兴趣索然。他看到的只是自己,他鉴定每一个人或每一件事是从对他有没有用的角度出发的。他根本不能爱别人。这,难道还不能证明对别人关心与对自己关心是不可避免的二者择一?如果自身的爱与自私自利是相同的话,那么也许是二者择一。然而,这个假设是地地道道的谬误。就是它导致我们得出了这么多同我们的问题有关的错误结论。自私自利与自身的爱根本不是相同的,实质上是截然相反的事情。自私自利的人并不是十分爱自己,而是根本不爱自己;事实上,还讨厌自己。这种对自身缺乏爱、缺乏关心的现象,仅仅是他缺乏创造性的一种表现;这样会使他感到灰心丧气,感到寂寞和空虚。由于要从生活中获得一种他给自己规定的而又得不到的满足,因此他必定郁郁寡欢,焦虑不安。他似乎对自己十分关心,而实际上只是给自己定下一个难以达到的目标以极力掩盖和弥补对自身本质不关心的悲剧。自私自利的人不能爱别人,但是他们也不能爱自己,这是千真万确的。

　　如果比较一下自私自利和对别人过于关心或忧虑的现象,譬如,我们发现某些母亲为儿女过于焦虑,我们就更容易理解自私自利。母亲固然在理智上相信他是特别宠爱她的孩子,可是实则对她所忧虑的对象有一种深深被压抑了的怨恨心理。她过分忧虑儿女，并不是因为她过于强烈地爱儿女，而是因为她不能不弥补她不能爱儿女的缺陷。

(选自弗洛姆《爱的艺术》)

个人理解

1. 读完这篇文章后，你同意作者的观点吗？
2. 你认为这篇文章最精彩的论述是哪一段？
3. 你认为这篇文章最难理解的是哪一段论述？

阅读理解

一 请阅读文章第1自然段，回答问题：
1. 这一段提出的主要观点是：
2. 这种观点的来源是：

二 请阅读文章第3—6自然段，说明作者的逻辑推理思路：
1. 首先，纠正一个概念上的错误：
2. 由此推理出：
3. 最后得出结论：

三 请阅读文章第7自然段，回答问题：
1. 自私自利的人的表现是什么？
2. 为什么说自私自利和自身的爱从根本上不是相同的？

四 汉语中有个成语是"过犹不及"，请阅读文章第8自然段，然后运用文章中举的例子来说明这个成语的意思。

重点词语

1. 固然	（形）	gùrán		no doubt..., but...
2. 异议	（名）	yìyì		disagreement
3. 邪恶	（形）	xié'è		evil
4. 倘若	（连）	tǎngruò		if
5. 无异于	（动）	wúyìyú		no different from
6. 自私自利		zìsī zìlì		selfish
7. 术语	（名）	shùyǔ		technical terms
8. 失常	（形）	shīcháng		abnormal
9. 排斥	（动）	páichì		to repel; to exclude; to discriminate against
10. 美德	（名）	měidé		virtue
11. 纷至沓来		fēn zhì tà lái		come in a continuous stream
12. 相悖	（动）	xiāngbèi		to be contrary to
13. 潜能	（名）	qiánnéng		latent energy
14. 附属物	（名）	fùshǔwù		accessory; appendage
15. 抑或	（连）	yìhuò		or
16. 逻辑	（名）	luójí		logic
17. 例外	（名）	lìwài		exception
18. 教条	（名）	jiàotiáo		creed
19. 自相矛盾		zìxiāng máodùn		contradict oneself
20. 顾此失彼		gù cǐ shī bǐ		attend to one thing and lose sight of another
21. 寓于	（动）	yùyú		to reside; to lie; to be embodied
22. 抽象	（形）	chōuxiàng		abstract
23. 诚心诚意		chéng xīn chéng yì		earnestly and sincerely
24. 一味	（副）	yíwèi		purely; persistently
25. 漠不关心		mò bù guānxīn		indifferent
26. 兴趣索然		xìngqù suǒrán		low interested
27. 谬误	（名）	miùwù		mistake
28. 灰心丧气		huī xīn sàng qì		very much disheartened
29. 空虚	（形）	kōngxū		empty; void

30. 郁郁寡欢	yùyù guǎ huān	joyless and melancholy; depressed and unhappy
31. 焦虑不安	jiāolǜ bù'ān	feel anxious
32. 掩盖（动）	yǎngài	to cover; to hide
33. 弥补（动）	míbǔ	to make up; to remedy
34. 千真万确	qiān zhēn wàn què	absolutely true
35. 宠爱（动）	chǒng'ài	to dote on
36. 压抑（动）	yāyì	to constrain; to restrain
37. 怨恨（名）	yuànhèn	resentnent; hatred
38. 缺陷（名）	quēxiàn	defect

词语练习

一 词语搭配：

A	B
压抑	真相
弥补	孩子
掩盖	感情
宠爱	失误

二 请写出下列词语的反义词：

1. 失常—— 2. 例外—— 3. 抽象——

4. 排斥—— 5. 空虚—— 6. 邪恶——

三 词义辨析填空：

固然　虽然

1. (　　)我没见过这个人，但是我听说过他。
2. 你这种办法(　　)是有效，可也伤害了其他人。

异议　分歧

3. 两国对核问题的(　　)很大。
4. 对此大家还有什么(　　)吗？

缺陷　缺点
5. 虽然他的身体有(　　), 但不影响他人格的健全。
6. 有了(　　)就要及时改正。

怨恨　仇恨
7. 有人说爱的反面并不是(　　), 而是冷漠。
8. 你不要(　　)他, 他这样做也是为你好。

潜能　潜力
9. 他们是一支很有(　　)的球队。
10. 要充分发挥每个人的(　　)。

四 请用下列成语填空：

千真万确　焦虑不安　郁郁寡欢　灰心丧气　兴趣索然　漠不关心
诚心诚意　顾此失彼　自相矛盾　纷至沓来　自私自利

1. 他是个非常(　　)的人, 只关心他自己, 对别人的事从来都(　　)。
2. 不要(　　), 一次失败不算什么, 我们还有机会呢。
3. 他怎么了？最近每天都(　　)的样子, 显得非常不开心。
4. 我是个特别粗心大意的人, 做事从来都是(　　), 照顾不了全局。
5. 每次要做重大的决定前, 我都(　　), 非常紧张。
6. 他明明是(　　)地帮助你, 你为什么拒他于千里之外？
7. 他所描述的事件经过是(　　)的, 没有半点谎言。
8. 你的解释岂不是(　　)？自己都说不通。
9. 信息时代, 每天都会有不同的信息(　　), 令你应接不暇。
10. 我对这次活动根本就是(　　), 所以也没必要参加。

五 请模仿例句造句：

1. 把爱的概念应用于不同的对象, <u>固然</u>不会引起异议, 但是……已成了一种流行甚广的信仰。

　　你的句子：_____。

2. <u>倘若</u>我在一定的程度上爱自己, <u>那么</u>我就在一定的程度上不能爱别人。

　　你的句子：_____。

3. 自身的爱无异于自私自利。
   你的句子：_____。

4. 自私自利的人不乐于给予，只一味索取。
   你的句子：_____。

任选其中的一个，进行合作调查：

1. 合作分别调查 10 个不同性格的人，询问他们关于无私和自私的标准（要求每个被调查者至少说出 5 种特点），然后跟课文内容对照，分析他们为什么会这样定义。
2. 合作分别调查 5 个男人和 5 个女人，询问他们一个问题：如何判断对方爱上了自己？然后总结，看看他们有没有一些共同的标准。

第 七 课

一　语段写作练习：

1. 听《后来》这首歌，读歌词，然后将其改写成一个简单的爱情故事。

　　栀子花，白花瓣，落在我蓝色百褶裙上，爱你，你轻声说，我低下头闻见一阵芬芳。那个永恒的夜晚，十七岁仲夏，你吻我的那个夜晚，让我往后的时光，每当有感叹，总想起当天的星光。

　　那时候的爱情，为什么就能那样简单，而又是为什么人年少时，一定要让深爱的人受伤。在这相似的深夜里，你是否一样，也在静静追悔感伤：如果当时我们能不那么倔强，现在也不那么遗憾。

　　你都如何回忆我，带着笑或是很沉默，这些年来，有没有人能让你不寂寞。

　　后来，我总算学会了如何去爱，可惜你早已远去消失在人海；后来，终于在眼泪中明白，有些人一旦错过就不在。

　　永远不会再重来，有一个男孩爱着那个女孩。

2. 读下面一段话，结合学过的课文的内容，写一篇400字左右的论述文章。
题目：爱是需要能力的。
要求：通过批驳反面观点来论述此论题。

　　我听过一个寓言故事，说一个即将出嫁的女孩，问她的母亲怎样才能获得幸福，她的母亲从地上捧起一捧沙子，女孩看见沙子在母亲的手里，圆圆满满的，没有一点流失，没有一点洒落，母亲突然握紧手，沙子立刻从母亲的指缝间泻落下来，等母亲再张开手的时候，手里的沙子已经所剩无几了，母亲是想告诉她的女儿，爱情无需紧紧去把握，越是想紧紧地抓牢自己的爱情，越是容易失去信任，失去原则，失去彼此之间本来应该保持的距离，爱情也会因此变得毫无美感。每个人都希望自己拥有美满的婚姻和爱情，但是爱是需要的，这个能力就是让你爱的人爱你。

二 语篇写作练习：

请研究一种在当今社会普遍流行的一种心理现象，写一篇分析性的文章。

要求：
1. 1000~1500字左右；
2. 文章内容应包括：
   (1) 这种心理现象的具体表现；
   (2) 这种心理现象产生的原因；
   (3) 这种心理现象导致的后果；
   (4) 个人的建议。

 相关链接 ▶▶▶▶

请看两部关于爱情的悲剧电影和喜剧电影，按照课文的观点分析其中的男女主人公的性格及其命运。

从这两篇文章，你学到了什么？

1. _____
2. _____

第八课

学习目的

1. 内容提示：科学的本质与应用。
2. 写作要求：科普文章写作。

思考题

1. 你喜欢数学吗？为什么？
2. 你觉得数学是一种抽象的学问还是一种可以用于实际的学问？

阅读 一

对数学未来的思考

 提示：学会跳过困难的专业词语阅读。
 时间：11分钟。

数学史表明，根据现在去预言长远的未来是多么徒劳，很多难以想象的数学的新领域，会出人意料地冒出来。

因此我不去预测下个世纪数学的未来，而在这里举出科技中三个关键领域的例子,在那里数学是以非常重要的成分出现的。这三个领域是材料科学、生命科学和数码技术。

材料科学中的数学

材料科学所关心的是性质和使用。目的是合成及制造新材料,了解并预言材料的性质以及在一定时间段内控制和改进这些性质。不久以前,材料科学还主要是在冶金、制陶和塑料业中的经验性研讨,今天却是个大大增长的知识主体,它基于物理科学、工程及数学。所有材料的性质最终取决于它们的原子及其组合成的分子结构。

复合材料的研究是另一个运用数学研究的领域,如果我们在一种材料颗粒中掺入另一种材料得到一种复合材料,而其显示的性质可能根本不同于组成它的那些材料,例如汽车公司将铝与硅碳粒子相混合以得到重量轻的钢的替代物。带有磁性粒子充电粒子的气流能提高汽车的制动气流和防撞装置的效果。

最近10年来,数学家们在泛函分析、pde及数值分析中发展了新的工具,使他们能够估计或计算混合物的有效性质。但是新复合物的数目不断增长,同时新的材料也不断开发出来,迄今所取得的数学成就只能看作一个相当不错的开始,甚至已经研究了好些年的标准材料也面临着大量的数学挑战。例如,当一个均匀的弹性体在承受高压时会破裂,破裂是从何处又是怎样开始的,它们是怎样扩展的,何时它们分裂成许多裂片,这些都是有待研究的问题。

生物学中的数学

在生物学和医药科学中也出现了数学模型,炒得很热的基因方案的一些重要方面需要统计、模型识别以及大范围优化。虽不太热却长期挑战着生物学其他领域中的进展,比如在生理学方面,拿肾脏作个例子吧,肾的功能是以保持危险物质(如盐)浓度的理想水平来规范血液的组成。如果一

个人摄入了过多的盐，肾就必须排出盐浓度高于血液中所含浓度的尿液。在肾的四周有上百万个小管，称作肾单位，负有从血液中吸收盐分转入肾中的职责，它们是通过与血管接触的一种传输过程来完成的，在这个过程中渗透压力过滤起了作用。生物学家已把这过程涉及的物质与人体组织视为一体了，但精确的过程却还只是勉强弄明白了。

数学将要取得重要进展的其他领域，包括有一般性的生长过程和特殊的胚胎学、细胞染色、免疫学、反复出现的传染病，还有环保项目如植物中的大范围现象及动物群体性的建模。当然我们绝不能忘记还有人类的大脑，自然界最棒的计算机，还有它所具有的感觉神经元、动作神经元以及感情和梦想!

多媒体中的数学

大约50年前建成了第一台计算机，我们现在亲自证实了这场计算机革命的完全冲击：在商业、制造业、保健机构及工程业，与计算和通信技术的进步相配的是数字信息的萌芽状态，它已为多媒体铺出了一条路，其产品包括了文字图像、电影、录像、音乐、照相、绘画、卡通、数据、游戏及多媒体软件，所有这些都由一个单独站址发送。

多媒体的数学包括了一个大范围的研究领域，它包含有计算机可视化、图像处理、语音识别及语言理解、计算机辅助设计和新型网络。这些会有广泛的应用，应用于制造业、商业、银行业、医疗诊断、信息及可视化，还有娱乐业，这只点出了几个而已。多媒体中的数学工具可能包括随机过程、Marko场、统计模型、决策论、pde、数值分析、图论、图表算法、图像分析及小波等。还有其他一些领域中的一些，目前似乎还处在某种程度的监护下，如人造生命和虚拟世界。

计算机辅助设计正在成为许多工业部门的强大工具：完全在计算机上设计，在键盘上一敲，产品便在远处的工厂里实现了。这种技术能成为数学家进行研究的工具吗？万维网(www)已经成为多媒体最强劲的动力。它未来的辉煌取决于许多新的数学思想和算法的发展,目前仍处在孩提时期。随着多媒体技术的扩展,对于保护私人数据的通讯文本的需要也与日俱增。发展一个更加安全的密码系统就是数学家们的任务了。为此,他们必定要借助于在数论、离散数学、代数几何及动力系统方面的新进展,当然还有其他一些领域。

在物质的与生命的科学和在技术的发展中,数学继续起着与日俱增的重要作用。

(选自麦斯数学网2006年1月3日)

个人理解

1. 读这篇文章的题目时,你能想到的有哪些?
2. 你对这篇文章的哪部分论述最感兴趣?

阅读理解

请快速阅读全文,给本文写摘要:
要求:
1. 对文章总体概括(20个字以内);
2. 对各个领域应用的说明(90个字左右);
3. 总结以及个人看法(40个字左右);
4. 尽量通俗易懂,避免使用难度大的专业词语。

重点词语

1. 徒劳	(形)	túláo		fruitless effort
2. 冒	(动)	mào		to suddenly appear
3. 数码	(名)	shùmǎ		digital
4. 合成	(动)	héchéng		to compose
5. 冶金	(名)	yějīn		metallurgy
6. 陶	(名)	táo		pottery
7. 原子	(名)	yuánzǐ		atom
8. 分子	(名)	fēnzǐ		molecule
9. 复合	(动)	fùhé		to compound
10. 掺入	(动)	chānrù		to mix
11. 铝	(名)	lǚ		aluminium
12. 硅	(名)	guī		silicon
13. 碳	(名)	tàn		carbon
14. 磁性	(名)	cíxìng		magnetism
15. 充电		chōng diàn		to charge
16. 制动	(动)	zhìdòng		to apply the brake
17. 装置	(名)	zhuāngzhì		device
18. 数值	(名)	shùzhí		numerical value
19. 弹性	(名)	tánxìng		elasticity
20. 高压	(名)	gāoyā		high pressure
21. 炒	(动)	chǎo		to boost; to give a boost through repeated media coverage
22. 优化	(动)	yōuhuà		to optimize
23. 肾脏	(名)	shènzàng		kidney
24. 浓度	(名)	nóngdù		consistency
25. 摄入	(动)	shèrù		to absorb
26. 渗透	(动)	shèntòu		to permeate
27. 过滤	(动)	guòlǜ		to filtrate
28. 胚胎	(名)	pēitāi		embryo
29. 染色(体)	(名)	rǎnsè(tǐ)		chromosome
30. 免疫	(动)	miǎnyì		to immune

31. 建模	(动)	jiànmó	to modeling
32. 神经元	(名)	shénjīngyuán	nerve cell
33. 冲击	(动)	chōngjī	to strike
34. 萌芽	(名)	méngyá	bud
35. 随机	(形)	suíjī	radom
36. 强劲	(形)	qiángjìng	powerful
37. 孩提	(名)	háití	childhood

词语练习

一 请说明下列词语的本义和引申义：

1. 充电
   本 义：＿＿＿＿＿＿＿＿＿＿＿＿＿＿＿＿＿＿＿＿＿＿＿＿
   引申义：＿＿＿＿＿＿＿＿＿＿＿＿＿＿＿＿＿＿＿＿＿＿＿＿

2. 弹性
   本 义：＿＿＿＿＿＿＿＿＿＿＿＿＿＿＿＿＿＿＿＿＿＿＿＿
   引申义：＿＿＿＿＿＿＿＿＿＿＿＿＿＿＿＿＿＿＿＿＿＿＿＿

3. 炒得很热
   本 义：＿＿＿＿＿＿＿＿＿＿＿＿＿＿＿＿＿＿＿＿＿＿＿＿
   引申义：＿＿＿＿＿＿＿＿＿＿＿＿＿＿＿＿＿＿＿＿＿＿＿＿

4. 渗透
   本 义：＿＿＿＿＿＿＿＿＿＿＿＿＿＿＿＿＿＿＿＿＿＿＿＿
   引申义：＿＿＿＿＿＿＿＿＿＿＿＿＿＿＿＿＿＿＿＿＿＿＿＿

5. 过滤
   本 义：＿＿＿＿＿＿＿＿＿＿＿＿＿＿＿＿＿＿＿＿＿＿＿＿
   引申义：＿＿＿＿＿＿＿＿＿＿＿＿＿＿＿＿＿＿＿＿＿＿＿＿

6. 免疫
   本 义：_____
   引申义：_____

7. 萌芽
   本 义：_____
   引申义：_____

8. 高压
   本 义：_____
   引申义：_____

二 请用下列生词填空：

徒劳　冒　掺入　摄入　冲击　强劲　合成

1. 这张照片一看就是(　　　)的，根本不是原版。
2. 这家工厂在饮用酒类中(　　　)了大量工业酒精，害人匪浅。
3. 每天(　　　)的营养应该是均衡的。
4. 乖乖就擒吧，对你来说，任何反抗都是(　　　)的。
5. 一个人孤独的时候，经常会(　　　)出一些奇怪的想法。
6. 这次改革对老同志的(　　　)很大。
7. 这种发动机动力(　　　)。

三 请模仿例句造句：

1. 材料科学还主要是在冶金、制陶和塑料业中的经验性研讨，今天……它<u>基于</u>物理科学、工程及数学。

   你的句子：_____。

2. 所有材料的性质最终<u>取决于</u>它们的原子及其组合成的分子结构。

   你的句子：_____。

3. 这些都是<u>有待</u>研究的问题。

   你的句子：_____。

4. 生物学家已把这过程涉及的物质与人体组织视为一体了。

   你的句子：_____。

5. 他们必定要借助于在数论、离散数学、代数几何及动力系统方面的新进展。

   你的句子：_____。

合作学习

请合作查找资料，然后以"我们身边的数学、物理、化学……"为题，提交一份小报告。

要求：

1. 以一个具体事例说明即可；
2. 字数：100字以内。

思考题

1. 说说你所知道的世界著名科学家的名字。
2. 说说你所知道的著名科学学说。

阅读 二

必须正确才是科学吗？

 提示：找出文章中作者对一种学说的解说。
 时间：14分钟。

"试论托勒密的天文学说是不是科学。"这样的考题在上海交通大学科学史系的研究生入学考试中，不止一次出现过。这道题，大部分考生都答错了。这些考生中，学理科、工科、文科出身的都有，但是答案的正误看起来与学什么出身没有关系。这就表明，他们中间的大部分人，都未能正确认识：怎样的学说能够具有被当做科学的资格？

在今天中国的十几亿人口中，能够报考研究生的，应该也算是受过良好教育的少数佼佼者了。既然他们中间也有不少人对此问题不甚了了，似乎值得专门来谈一谈。

托勒密何许人也？他做过什么工作？

托勒密（Claudius Ptolemaeus，最常用的是 Ptolemy），约生于公元100年；约卒于公元170年，一生都生活、工作在亚历山大城。他的姓名中保存着一些信息，Ptolemaeus 表明他是埃及居民，而祖上是希腊人或希腊化了的某族人；Claudius 表明他拥有罗马公民权。

《至大论》是托勒密所有重要著作中最早的一部。

《至大论》全书13卷。希腊文原名的本意是"天文学论集",阿拉伯翻译家将书名译成 al-majisti,再经拉丁文转写之后,遂成 Almagest,成为此书的固定名称。此书的中文译名曾有《天文学大成》《伟大论》《大集合论》《大综合论》等多种,但以《至大论》最符合 Almagest 的原意,而且简洁明了。

《至大论》继承了由欧多克斯、希帕恰斯所代表的古希腊数理天文学的主要传统,并使之发扬光大,臻于空前绝后之境。托勒密在书中构造了完备的几何模型,以描述太阳、月亮、五大行星、全天恒星等天体的各种运动;并根据观测资料导出和确定模型中各种参数;最后再造成各种天文表,使人们能够在任何给定的时间点上,预先推算出各种天体的位置。

对于宇宙体系的结构及运行机制问题,托勒密在《至大论》中采取极为务实而明快的态度,他在全书一开头就表明,他的研究将采用"几何表示"(geometrical demonstration)之法进行。在卷九开始讨论行星运动时他说得更明白:"我们的问题是表示五大行星与日、月的所有视差数——用规则的周圆运动所生成。"他将本轮、偏心圆等仅视为几何表示,或称为"圆周假说的方式"。那时,在他心目中,宇宙间并无任何实体的天球,而只是一些由天体运行所划过的假想轨迹。

考题为何答错

为什么托勒密的《至大论》这样的伟大著作,会被认为不是科学?许多考生陈述的重要理由,是因为托勒密天文学说中的内容是"不正确的"——我们知道地球不是宇宙的中心。

然而,这个理由同样会使哥白尼、开普勒甚至牛顿都被逐出科学的殿堂!因为我们今天还知道,太阳同样不是宇宙的中心;行星的轨道也不是精确的椭圆;牛顿力学中的"绝对时空"是不存在的……难道你敢认为哥白尼日心说和牛顿力学也不是科学吗?

第八课

我知道,考生们绝对不敢。因为在他们从小受的教育中,哥白尼和牛顿是科学伟人,而托勒密是一个微不足道的人,一个近似于"坏人"的人。

关于托勒密,有一些曾经广泛流传的、使人误入歧途的说法,其中比较重要的一种是将托勒密与亚里士多德两人不同的宇宙体系混为一谈,进而视之为阻碍天文学发展的历史罪人。在当代科学史著述中,以李约瑟"亚里士多德和托勒密僵硬的同心水晶球概念,曾束缚欧洲天文学思想一千多年"的说法为代表,至今仍在许多中文著作中被反复援引。而这种说法其实明显违背了历史事实。亚里士多德确实主张一种同心叠套的水晶球宇宙体系,但托勒密在他的著作中完全没有采纳这种体系,他也从未表示赞同这种体系。另一方面,亚里士多德学说直到13世纪仍被罗马教会视为异端,多次禁止在大学里讲授。因此,无论是托勒密还是亚里士多德,都根本不可能"束缚欧洲天文学思想一千多年"。至1323年,教皇宣布托马斯·阿奎那(T.Aquinas)为"圣徒",阿奎那庞大的经院哲学体系被教会官方认可,成为钦定学说。这套学说是阿奎那与其师大阿尔伯图斯(Albertus Magnus)将亚里士多德学说与基督教神学全盘结合而成。因此亚里士多德的水晶球宇宙体至多只能束缚欧洲天文学思想约二三百年,而且这也无法构成托勒密的任何罪状。

但是,即使洗刷了托勒密的恶名,考生们的问题仍未解决——难道"不正确的"结论也可以是科学?

是的,真的是这样!因为科学是一个不断进步的阶梯,今天"正确的"结论,随时都可能成为"不正确的"。我们判断一种学说是不是科学,不是依据它的结论,而是依据它所用的方法、所遵循的程序。

西方天文学发展的根本思路是:在已有的实测资料基础上,以数学方法构造模型,再用演绎方法从模型中预言新的天象,如预言的天象被新的观测证实,就表明模型成功,否则就修改模型。在现代天体力学、天体物理学兴起之前,模型都是几何模型——从这个意义上说,托勒密、哥白尼、第谷(Tycho Brahe)乃至创立行星运动三定律的开普勒,都无不同。后来则主要是物理模型,但总的思路仍无不同，直至今日还是如此。这个思路，就是最基本的科学方法。

如果考虑到上述思路正是确立于古希腊，并且正是托勒密的《至大论》第一次完整、全面、成功地展示了这种思路的结构和应用，那么托勒密天文学说的"科学资格"不仅是毫无疑问的，而且它在科学史上的地位绝对应该在哥白尼之上——不要忘记，哥白尼和历史上许许多多天文学家一样，都是吮吸着托勒密《至大论》的乳汁长大的啊！

(选自江晓原《必须正确才是科学吗》，《中华读书报》2003年4月30日)

个人理解

1. 如果你看到这个题目，你的观点是什么？
2. 看完这篇文章，你对托勒密这个人有了哪些了解？
3. 你同意文章中作者的论述吗？

阅读理解

一　请根据文章内容介绍一下托勒密。

二　请根据文章内容，介绍一下《至大论》这本书。

三　请说明托勒密与亚里士多德的理论传承关系。

四　根据作者的看法，为什么许多考生答错了"试论托勒密的天文学说是不是科学"这道题？

五　根据作者的论述，为什么说"不正确的"也可以说是"科学的"？

重点词语

1.	出身	（名）	chūshēn	parentage
2.	佼佼者	（名）	jiǎojiǎozhě	outstanding person
3.	卒	（动）	zú	to die
4.	天文学	（名）	tiānwénxué	astronomy
5.	拉丁文		Lādīngwén	Latin
6.	明了	（形）	míngliǎo	clear; plain
7.	发扬光大		fāyáng guāngdà	carry forward
8.	空前绝后		kōng qián jué hòu	unique
9.	几何	（名）	jǐhé	geometry
10.	行星	（名）	xíngxīng	planet
11.	恒星	（名）	héngxīng	fixed star
12.	天体	（名）	tiāntǐ	celestial body
13.	参数	（名）	cānshù	parameter
14.	推算	（动）	tuīsuàn	to calculate
15.	务实	（形）	wùshí	practical
16.	明快	（形）	míngkuài	vivid
17.	逐出	（动）	zhúchū	to expel
18.	殿堂	（名）	diàntáng	palace
19.	椭圆	（名）	tuǒyuán	ellipse
20.	日心说	（名）	rìxīnshuō	helicentric theory
21.	力学	（名）	lìxué	dynamics
22.	微不足道		wēi bù zú dào	negligible
23.	误入歧途		wù rù qítú	go astray
24.	混为一谈		hùn wéi yī tán	confuse sth. with sth. else
25.	僵硬	（形）	jiāngyìng	rigid
26.	束缚	（动）	shùfù	to bind up
27.	援引	（动）	yuányǐn	to invoke
28.	采纳	（动）	cǎinà	to adopt
29.	异端	（名）	yìduān	heterodoxy
30.	认可	（动）	rènkě	to certificate

31. 钦定	（形）	qīndìng	regius
32. 全盘	（名）	quánpán	across-the-board
33. 罪状	（名）	zuìzhuàng	facts about a crime
34. 洗刷	（动）	xǐshuā	to clear
35. 天象	（名）	tiānxiàng	astronomical phenomena
36. 吮吸	（动）	shǔnxī	to suckle
37. 乳汁	（名）	rǔzhī	milk

词语练习

一、词语搭配：

A	B
洗刷	思想
吮吸	西化
全盘	罪状
列举	耻辱
采纳	意见
束缚	乳汁

二、请用下列生词填空：

出身　佼佼者　明了　明快　务实　异端

1. 哥白尼的学说在很长一段时间被视为(　　　)邪说。
2. 我们要本着(　　　)的精神处理好基层工作。
3. 英雄不论(　　　)。
4. 从小学到大学,他一直是同伴中的(　　　)。
5. 他的说明简单(　　　)。
6. 这首乐曲轻松(　　　)。

发扬光大　空前绝后　误入歧途　微不足道　混为一谈

7. 你不要总把两个人(　　　),他是他,我是我。
8. 要把艰苦朴素的精神(　　　)。
9. 他这种人非常少见,可以说是(　　　)。

10. 人，相对于大自然来说，简直是太（　　　　）了。
11. 由于结交了一些损友，很长一段时间他都（　　　　）。

三 请模仿例句造句：

1.《至大论》……臻于空前绝后之境。

你的句子：＿＿＿＿＿＿＿＿＿＿＿＿＿＿＿＿＿＿＿＿＿＿。

2. 以李约瑟"亚里士多德和托勒密僵硬的同心水晶球概念，曾束缚欧洲天文学思想一千多年"的说法为代表，至今仍在许多中文著作中被反复援引。

你的句子：＿＿＿＿＿＿＿＿＿＿＿＿＿＿＿＿＿＿＿＿＿＿。

合作学习

请合作找出 5 种中文科学杂志的名称。

一 语段写作练习：

请随堂写作：根据你的了解和记忆简单介绍一种科学学说，不超过200字。

二 语篇写作练习：

请阅读下面的文章，根据文章提供的素材，写一篇题为"科学争论与科学发展"的议论文，要求：

1. 根据文章材料，要包括两个相反的观点；
2. 以所给材料作为论据；
3. 字数：800~1000字。

附：阅读文章

材料一：

19世纪30年代出现了一场均变论与灾变论的争论。

灾变论的代表人物是法国著名科学家居维叶（1769—1832）。他认为：在地球历史上曾经发生过多次巨大的灾变，每经过一次灾变，旧的生物被毁灭，新的生物又被创造出来，地球上的生命进程曾多次被这些可怕的事件所打断。

与灾变论相对立的是均变论，也称渐变论，它的主要代表人物是英国地质学家赖尔（1797—1875）。赖尔强调漫长地质时间的意义，它足以使微笑的渐变发生惊人的效果。地球演化历史中古生物的变化，地层的褶皱、断裂都是缓慢的效应积累的结果。引起地球表面变化的，不是突如其来的灾难，更不是什么超自然力，它就是人们现在所能感到并天天在起作用的地质力量。

灾变论与均变论的争论是在一种平和的气氛中进行的。居维叶与赖尔都是他们各自领域的权威，都因具有广博的知识而备受尊崇，争论双方的参与者之间也有书信联系。所以，很难说哪一种观点占上风。同样，他们对以后的科学发展都有重大影响。

体现均变论影响的是达尔文（1809—1882）的进化论。据说，当年22岁的达尔文登上"贝格尔"号巡洋舰赴南美考察时，手捧的就是赖尔的《地质学原理》。达尔文被赖尔的精辟论述所吸引，成了赖尔的崇拜者。19世纪中叶，达尔文提出了生物进化论，认为生物演化只能以极长久而缓慢的步伐进行，不能产生大的或突然的变化。这不能不说是深受赖尔的影响。

体现灾变论影响的，则是近些年出现的新灾变学。20世纪80年代，美国科学家阿尔瓦雷斯等人发现中生代与新生代界线黏土层铱元素异常，以此为依据又提出了小行星撞击地球导致生物大绝灭的观点。关于生物大绝灭的观点的基本思想是：在宇宙和地球演化中出现过一系列诸如超新星爆炸、外星体撞击地球、地球磁极倒转、大规模火山爆发等灾变事件，引起了生物大绝灭。为了表示与居维叶提出的灾变论不同，他们将这些理论称为新灾变论。

新灾变论与旧灾变论的根本区别就在于，新灾变论强调宇宙因素而完全抛弃了神创观。近几年，围绕新灾变论又产生了许多科学争论。

材料二：

生物学史上，摩尔根学派与米丘林学派之间曾围绕遗传学的一些根本问题展开了争论。这是影响比较深远的一场论战。

美国生物学家摩尔根(1866—1945)在20世纪初就以果蝇为对象，进行遗传学研究。1926年，摩尔根系统而全面地概括了当时遗传学的研究成果，创立了基因学说，提出基因控制生物的遗传与变异，为现代遗传学的发展打下了基础。人们把摩尔根思想的拥护者称为摩尔根学派。

米丘林(1855—1935)是俄国及苏联时期著名的园艺学家。他一生致力于通过外界环境的作用定向培育新品种的研究，取得了很大成绩。他特别主张通过人的力量创造一定的外界条件来控制生物的生长发育，以达到人类所需要的目的。但他过分夸大了外界条件的作用，而对生物本身的遗传物质对生物性状的决定作用有所忽略。

两个学派的主要分歧是：摩尔根学派认为，生物体中存在决定遗传的特殊物质——基因；而米丘林学派否认这种特殊物质。到了20世纪50年代，分子生物学的建立证明了摩尔根学派的正确，这是后话。

值得一提的是，这场争论并非纯学术之争，而是一场可悲的政治闹剧。

两派争论是在米丘林去世后，由苏联农业科学家李森科(1898—1976)打着"米丘林遗传学"的旗号挑起的。

从1935年到1941年，李森科开始给摩尔根学派戴"资产阶级"等政治帽子，学术争论逐渐变成了阶级斗争。结果，摩尔根学派的瓦维洛夫被逮捕,最后死于狱中。

李森科在1948年8月所做的《论生物学现状》的报告,是经过斯大林亲自修改的。在报告中,他将米丘林生物学冠以"进步的、唯物主义的"字样,而对孟德尔、摩尔根遗传学加以"反动的、形而上的"字样。争论的结果,是苏联高等教育部开除了一批反对李森科观点的教授,关闭了摩尔根学派的实验室,取消了摩尔根学派的课程。

1952年,李森科发表了《科学中关于生物物种的新见解》一文,提出了物种形成的新观点。这个所谓的新见解不仅遭到了遗传学家的反对,而且许多植物分类学、细胞学、农学等方面的专家不能认同。苏联三百多位科学家联名请求免去李森科全苏农业科学院院长职务,这个请求被接受了。但是后来,李森科又找到赫鲁晓夫做靠山。赫鲁晓夫用权力支持李森科,打击批评李森科的科学家。直到1964年赫鲁晓夫下台,苏联遗传学界才恢复了正常的工作秩序。

需要指出的是,就在苏联和中国对摩尔根学派进行批判期间,遗传学在其他国家获得了飞速发展。在孟德尔、摩尔根遗传学说的基础上,发展起来了现代分子遗传学和遗传工程技术。而苏联和中国却因此拉开了与世界科学发展新水平之间的差距。

 **相关链接** ▶▶▶▶

请访问中国科学院网址 www.cas.cn。

从这一课你学到了什么?

1. _____

2. _____

综合练习(二)

第一部分　词语练习

一　请选择正确汉字：

摆(脱、托)　　　　　　(截然、皆然)相反
(颁、领)发　　　　　　空前(绝、决)后
奔(波、披)　　　　　　(历、厉)程
(崩、裂)解　　　　　　(列、例)外
冰(镇、震)　　　　　　(溜、流)达
不(甚、什、慎)了了　　(冒、昌)犯
采(纳、衲)　　　　　　排(斥、斤)
(搀、掺)入　　　　　　奇(特、持)
朝三(暮、幕)四　　　　缺(陷、诌)
(崇、祟)高　　　　　　(僧、憎)侣
(殆、待)尽　　　　　　(摄、蹑)入
倒(塌、踏)　　　　　　市(刽、侩)
繁(演、衍)　　　　　　束(搏、缚)
范(畴、筹)　　　　　　谈笑风(声、生)
纷至(沓、叠)来　　　　(徙、徒)劳
光(茫、芒)　　　　　　(冶、治)金
(慌慌、惶惶)不可终日　诱(惑、感)
混(淆、肴)　　　　　　(郁郁、煜煜)寡欢
假(悻悻、惺惺)　　　　(充、允)诺
(皎皎、佼佼)者　　　　召(焕、唤)

二　请区分下列成语，然后完成表格：

不足为奇　朝三暮四　称心如意　诚心诚意　纷至沓来　顾此失彼

尽善尽美　空前绝后　理所当然　茫然失措　名不虚传　难以置信

潜移默化　三言两语　素昧平生　昙花一现　谈笑风生　微不足道

误入歧途　雄心勃勃　指点迷津　助人为乐　自私自利　自相矛盾

褒义词	
贬义词	
中性词	

三　词语搭配：

A	B
自觉	名誉
主宰	自由
败坏	内政
剥夺	命运
采纳	遵守
消失	殆尽
复兴	信息
干预	艺术
过滤	精神
焕发	殆尽

借鉴	空虚
精神	主权
弥补	明快
节奏	损失
免除	否定
全盘	赋税
民族	选择
丧失	融合
随机	经验
压抑	情绪

四 请说明下列画线词语在句子中的意思：

1. 请把水中的杂质过滤掉。
   他们的工作就是把无用的信息过滤掉。

2. 两剑交锋，发出刺耳的声音。
   两支军队终于正面交锋了。

3. 他已经潜伏在这里很久了。
   这种传染病的潜伏期大约是2—7天。

4. 雨水渗透进了货物里。
   怎样把这个消息渗透给他们？

5. 年轻的皮肤富有弹性。
   我们公司是弹性工作时间。

6. 我的信用卡是可以透支50000块钱的。
   这个队员体力透支太多，所以比赛失败了。

7. 天空中布满阴霾。
   大战前夕，阴霾密布。

8. 孩子们像出笼的小鸟一样飞奔而去。
   这个歌手的新专辑出笼了。

9. 这里有高压电线,请绕行。
   在高压政策下,人们似乎变得更驯服了。

10. 此种药的效力很长久。
    在国外打拼多年后,他终于回国效力了。

第二部分　阅读写作练习

植物的欲望

植物也有欲望并借此引诱了我们?信不信由你。我们列举四种植物作为展开对象,它们是苹果、郁金香、大麻和土豆,正好分属水果、花卉、药品和食粮。

苹果的祖先据说生长于哈萨克斯坦地区。野生的苹果个头、颜色各异,但有一个共同特性:味道奇酸。我们知道,所有两性生殖的后代都存在着变异,但在苹果身上这种特性却发挥到了极致,以致用种子繁育的苹果,后代总是存在着相当大的差异,故直至中国人发明嫁接技术(一种无性繁殖方式),苹果的驯化才有可能。苹果的辉煌时代起步于美国。欧洲移民在他们远渡重洋的方舟上带上了苹果种子。苹果受到新教徒的青睐,一个原因就是葡萄酒曾败坏了天主教的风气,《旧约》警告要防止葡萄的诱惑。但《圣经》对于苹果却没说过任何坏话,新教徒可以放心地痛饮苹果酒而没有任何心理负担。苹果获得了神学上的豁免权。然而,19、20世纪之交在美国发起的禁酒运动竟使苹果也难逃厄运。美国人不得不开始吃苹果而不是喝苹果。多亏苹果的遗传多样性,一种糖分更多的苹果被筛选出来。不过今天的苹果依旧保留了那么一点野生习性:甜中带酸的苹果味道更好。写到这里,我不由得想起了新教改革家路德的一首小诗:即使世界明天就要毁灭,我今天依然要种上一棵苹果树。苹果是生命和希望的象征。

郁金香是美的象征,但却不幸成为商品社会中投机行为的牺牲品。1635年,在荷兰,某种郁金香的鳞茎,价钱竟然高达1800盾!

抛开其商业炒作这一面不说，一个素以节俭吝啬而著称的民族为何在这种美丽的诱惑面前失去了起码的理智？这也许与基督教的禁欲主义有关。伊甸园没有花，因为美会使人乱性。当郁金香首次抵达欧洲时，人们为它裹上了一层功利色彩。德国人把郁金香的鳞茎煮熟，加上糖，还装模作样地说味道好极了。英国人则加上油和醋来烹调它。药剂师把它作为一种治疗肠胃气胀的药物。但郁金香就是郁金香，除了美它什么也没有。不过它的花品却独树一帜。郁金香不具有芬芳扑鼻的香味，它的花瓣朝内卷，使其生殖器官含而不露。正是这种"冷美人"的气质投合了荷兰人的心意。他们爱美，但又不愿让美撩拨了心弦。可见无论受到何种文化环境的塑造，人们爱美的天性总是难以泯灭。不过有一个例外，据说花从不出现在非洲人的日常习俗中。对此有两种解释。一说花作为一种奢侈品，贫穷的非洲人消费不起；另一说为非洲的植物区系中没有提供很多种花，至少是没有很多观赏品种的花。我倒宁可相信后面一说。因为据进化心理学的解释，人们之所以普遍为花美而陶醉，乃在于开花是对日后果实的一种可靠预告。可见爱美本是一种生物学意义上的习性，只是人类的文化才使对美的欣赏发挥到了极致。

　　大麻与人类的关系有些诡秘。它最早被中国人所驯化，主要是因其纤维的长度和韧性，故大麻是人类造纸和织布的主要原料。但大麻还因一种神奇的特性而使人类为之神魂颠倒，那就是它的药用，尤其是致幻价值。现已证实，大麻中含有一种化合物：四氢大麻酚。这种物质对大麻自身有保护作用。但不可思议的却是，它同样存在于人的大脑中，其作用是开启某个神经网络，致使人类的意识发生变形，更直接地说，就是导致快感的产生。生活时时伴有痛苦，大脑适度产生的快感本是造化赋予生命的珍贵礼物。快感的本质是什么？说来简单，那就是遗忘。遗忘使我们进入一个全新的世界，由熟悉而致的麻木，由记忆而生的痛苦，全都烟消云散，我们的感觉格外地敏锐了，对食物、音乐、性等习常之物的品味因此而获得全新的体验。生活中，我们总是看重记忆的价值，殊不知，遗忘才是快乐之源。在此意义上，好了伤疤忘了疼倒是一种福分，一个饱经沧桑的人无幸福可言。在致幻剂的作用下，时间消失了，我们只求瞬间拥有,责任、道德自然也就不存在。文明不允许这种失控的存在。故人类的文化总是要压抑这种欲望,并为此设立各种禁忌。大麻的命运是象征性的,它的双重功能——实用与致幻,致使人类对它爱恨交加。其实这也正是人性的两重性的反映。可惜我们常常忘记这一点。

　　至于土豆,这种原产于美洲的不起眼的地下块茎,它朴实无华,绝不主动挑逗人类的欲望,却与人类的生存息息相关。自从16世纪末被引入欧洲之后,它首先成为爱尔兰人的主食。19世纪中叶的一场马铃薯枯萎病,使100万爱尔兰人丧生。正因为土豆满足了人类的基本生存需要,故人类对它的控制欲望就表现得最为强烈。如今基因工程技术已被引入土豆品种的改良之中并获得专利。种植天然种子的时代已经过去。农业已被纳入工业文明的体系之中。

阅读练习

一、请根据阅读课文内容完成下列表格:

	最早起源	食用/使用历史	作用/象征
苹果		中国: 美国新教徒: 美国禁酒过程中:	
郁金香		荷兰人: 英国人: 德国人: 药剂师:	
大麻			
土豆		欧洲(爱尔兰): 当今:	

二 请根据文章内容填写连词：

1. 所有两性生殖的后代都存在着变异,（   ）在苹果身上这种特性（   ）发挥到了极致,（   ）用种子繁育的苹果,后代总是存在着相当大的差异,（   ）（   ）中国人发明嫁接技术,苹果的驯化（   ）有可能。

2. 他们爱美,（   ）又不愿让美撩拨了心弦。（   ）（   ）受到何种文化环境的塑造,人们爱美的天性难以泯灭。（   ）有一个例外,据说花从不出现在非洲人的日常习俗中。（   ）有两种解释。

请写一篇 800 字以内的议论文。
题目：国花与民族

第三部分　反思学习

一 对照目标总结上一阶段的学习：

认识上的改变	实际上的进步	面对的困难	克服困难的方法

二 新的目标：

1. _____

2. _____

3. _____

部分练习参考答案

第一课

阅读一

词语练习

二、1. 上升　　2. 浪费　　3. 表面　　4. 客体　　5. 宽广

三、1. 从属　　2. 归属　　3. 依附　　4. 回避

四、1. 谦谦君子　　2. 滑坡　　3. 尽人皆知　　4. 窠臼

阅读二

词语练习

一、完善制度　　遵循原则　　动摇根基　　阐述观点　　削弱力量

二、1. 必不可少　2. 对抗　3. 根本　4. 改变　5. 减弱　6. 没收　7. 主旨

第二课

阅读一

阅读理解

七、1.(√)　2.(√)　3.(√)　4.(√)　5.(√)　6.(√)　7.(√)　8.(×)

词语练习

一、谋取利益　　收购公司　　颁发证书　　振兴民族工业　　资源闲置
　　价格回落　　扩张领土　　产量过剩　　政策出笼

二、1. 腐败　2. 干预　3. 扶持　4. 招数　5. 管制

三、1. 悉随尊便   2. 变本加厉   3. 劫富济贫   4. 周期
　　5. 不甚了了   6. 令人发指   7. 假惺惺   8. 家喻户晓

阅读二

词语练习

一、1. 从中获益   2. 滥用   3. 驱车   4. 奔波   5. 停滞不前
　　6. 助长   7. 施加   8. 索取   9. 额外
二、1. 设备   2. 负荷   3. 效果   4. 削减

第三课

阅读一

阅读理解

二、1. (×)   2. (√)   3. (√)   4. (×)   5. (×)   6. (√)

词语练习

二、1. 如火如荼   2. 渔翁得利   3. 不可思议   4. 过犹不及   5. 适可而止
　　6. 焦头烂额   7. 千夫所指   8. 一见端倪   9. 喜闻乐见
三、激烈交锋　发动浩劫　排除嫌疑　摆脱干系　透支体力
　　兑现承诺　越轨行为　率先发难　打破坚冰

阅读二

阅读理解

六、1. c   2. a   3. b   4. d   5. b

词语练习

一、1. 土著   2. 不合群   3. 另类   4. 深谙   5. 上马
二、1. 移师   2. 精髓   3. 爆发   4. 风光   5. 迷离
　　6. 虎视眈眈   7. 信誓旦旦   8. 蓄谋已久   9. 可见一斑

部分练习参考答案

第四课

阅读一

阅读理解

七、1. c 2. d 3. a 4. b 5. c 6. b 7. a

词语练习

二、1. 匮乏 2. 缺乏 3. 积累 4. 积淀 5. 界定
　　6. 定义 7. 推定 8. 摆布 9. 操纵

三、1. 收缩 2. 仿佛 3. 充足 4. 潜藏 5. 低调

四、1. 深入人心 2. 耳熟能详 3. 源远流长 4. 卑躬屈膝 5. 冠冕堂皇
　　6. 约定俗成 7. 颐指气使 8. 连篇累牍 9. 旁门左道 10. 孜孜以求

阅读二

词语练习

二、1. 约束 2. 制约 3. 限制 4. 辅佐 5. 辅助 6. 帮助 7. 完善
　　8. 改善 9. 完美 10. 认同 11. 承认 12. 同意 13. 人格 14. 秉性
　　15. 性格 16. 大概 17. 粗略 18. 大约

三、1. 溯源 2. 划时代 3. 附庸 4. 粗略 5. 津津乐道 6. 曲折 7. 纷争

综合练习（一）

第一部分

一、摆(布)　　　　　　　　　(爆)发
　　卑躬(屈)膝　　　　　　　变本加(厉)
　　(秉)性　　　　　　　　　(查)封
　　出(笼)　　　　　　　　　(兑)现
　　赋(予)　　　　　　　　　干(预)
　　管(制)　　　　　　　　　过(犹)不及
　　浩(劫)　　　　　　　　　积(淀)
　　交(锋)　　　　　　　　　焦头(烂)额

劫富(济)贫　　　　　　　精(髓)
(津津)乐道　　　　　　　可见一(斑)
(窠)臼　　　　　　　　　亏(损)
(孜孜)以求　　　　　　　连篇累(牍)
(匮)乏　　　　　　　　　签(署)
旁门(左)道　　　　　　　(融)合
勤(俭)　　　　　　　　　深(谙)
如火如(荼)　　　　　　　(溯)源
土(著)　　　　　　　　　悉随尊(便)
狭(隘)　　　　　　　　　蓄谋(已)久
(驯)服　　　　　　　　　(赢)利
(渔)翁得利　　　　　　　(源)远流长
主(旨)　　　　　　　　　左(倾)

二、褒义词：家喻户晓　津津乐道　如火如荼　喜闻乐见　源远流长　耳熟能详
　　贬义词：卑躬屈膝　变本加厉　冠冕堂皇　虎视眈眈　连篇累牍　令人发指
　　　　　　旁门左道　颐指气使　过犹不及　焦头烂额　信誓旦旦
　　中性词：不甚了了　尽人皆知　约定俗成

三、颁发奖章　爆发战争　查封财产　阐述理由　出让房屋　动摇决心
　　冻结账户　露出端倪　辅佐君主　赋予荣誉　高调出场　经济滑坡
　　回避问题　积压货物　物资匮乏　滥用权力　谋取利益　纳入规范
　　施加影响　振兴国家　遵循规则　败坏名誉

第五课

阅读一

词语练习

二、1.宗教　2.现世　3.同化　4.紧凑　5.递增　6.狭窄
三、1.盲目　2.永恒　3.依次　4.赦免　5.强制　6.分歧　7.居中
　　8.朝三暮四　9.高不可攀　10.指点迷津

阅读二

词语练习

三、1. 后天　2. 现实　3. 强迫

四、1. 潜移默化　2. 难以置信　3. 三言两语　4. 安身立命

　　5. 允诺　6. 承袭　7. 冲动　8. 基于

　　9. 传承　10. 复兴　11. 茫然　12. 追溯

第六课

阅读一

词语练习

一、1. 理性　2. 同化　3. 中断　4. 阴柔

二、1. 等于　2. 等同于　3. 范围　4. 范畴　5. 高尚　6. 崇高　7. 奇特/特别

　　8. 特别　9. 延续　10. 继续　11. 偏爱　12. 偏重　13. 羡慕　14. 仰慕

三、1. 可口　2. 玩味　3. 敬重　4. 混　5. 沿袭　6. 赞叹　7. 尽善尽美

　　8. 名不虚传

阅读二

词语练习

三、1. 过程　2. 历程　3. 独立　4. 自立　5. 暗示　6. 隐含

　　7. 企图　8. 试图　9. 担当　10. 承担　11. 支撑　12. 支持

四、1. 诱惑　2. 不幸　3. 安然　4. 踏实　5. 界限　6. 核心

　　7. 惶惶不可终日　8. 茫然失措　9. 立足点

第七课

阅读一

词语练习

四、1. 陶醉　2. 倒塌　3. 冒犯　4. 潜在　5. 隔绝

五、1. 素昧平生　2. 理所当然　3. 不足为奇　4. 没完没了　5. 助人为乐
　　6. 雄心勃勃　7. 昙花一现　8. 如痴如醉　9. 称心如意　10. 谈笑风生

阅读二

词语练习

一、压抑感情　弥补失误　掩盖真相　宠爱孩子
二、1. 正常　2. 普遍　3. 具体　4. 吸引　5. 充实　6. 善良
三、1. 虽然　2. 固然　3. 分歧　4. 异议　5. 缺陷　6. 缺点
　　7. 仇恨　8. 怨恨　9. 潜力　10. 潜能
四、1. 自私自利　漠不关心　2. 灰心丧气　3. 郁郁寡欢　4. 顾此失彼
　　5. 焦虑不安　6. 诚心诚意　7. 千真万确　8. 自相矛盾　9. 纷至沓来
　　10. 兴趣索然

第八课

阅读一

词语练习

二、1. 合成　2. 掺入　3. 摄入　4. 徒劳　5. 冒　6. 冲击　7. 强劲

阅读二

词语练习

一、洗刷耻辱　吮吸乳汁　全盘西化　列举罪状　采纳意见　舒服思想
二、1. 异端　2. 务实　3. 出身　4. 佼佼者　5. 明了　6. 明快
　　7. 混为一谈　8. 发扬光大　9. 空前绝后　10. 微不足道　11. 误入歧途

综合练习（二）

第一部分

一、摆（脱）　　　　　（颁）发
　　奔（波）　　　　　（崩）解

部分练习参考答案

冰(镇)　　　　　　不(甚)了了
采(纳)　　　　　　(掺)入
朝三(暮)四　　　　(崇)高
(殆)尽　　　　　　倒(塌)
繁(衍)　　　　　　范(畴)
纷至(沓)来　　　　光(芒)
(惶惶)不可终日　　混(淆)
假(惺惺)　　　　　(佼佼)者
(截然)相反　　　　空前(绝)后
(历)程　　　　　　(例)外
(溜)达　　　　　　(冒)犯
排(斥)　　　　　　奇(特)
缺(陷)　　　　　　(僧)侣
(掺)入　　　　　　市(侩)
束(缚)　　　　　　谈笑风(生)
(徒)劳　　　　　　(冶)金
诱(惑)　　　　　　(郁郁)寡欢
(允)诺　　　　　　召(唤)

二、褒义词：称心如意　诚心诚意　尽善尽美　名不虚传　谈笑风生
　　　　　　雄心勃勃　助人为乐　指点迷津
　　贬义词：朝三暮四　顾此失彼　昙花一现　误入歧途　自私自利
　　　　　　自相矛盾
　　中性词：不足为奇　纷至沓来　空前绝后　理所当然　茫然失措
　　　　　　难以置信　潜移默化　三言两语　素昧平生　微不足道

三、自觉遵守　主宰命运　败坏名誉　剥夺自由　采纳意见　消失殆尽
　　复兴艺术　干预内政　过滤信息　焕发精神　借鉴经验　精神空虚
　　弥补损失　节奏明快　免除赋税　全盘否定　民族融合　丧失主权
　　随机选择　压抑情绪

词语总表

A
安顿	āndùn	5-2
安然	ānrán	6-2
安身立命	ān shēn lì mìng	5-2

B
摆布	bǎibù	4-1
摆脱	bǎituō	5-1
败坏	bàihuài	5-2
颁发	bānfā	2-1
爆发	bàofā	3-2
卑躬屈膝	bēi gōng qū xī	4-1
奔波	bēnbō	2-2
本位	běnwèi	4-1
本源	běnyuán	6-2
本质	běnzhì	1-1
崩解	bēngjiě	5-2
彼岸	bǐ'àn	5-2
变本加厉	biàn běn jiā lì	2-1
变幻	biànhuàn	6-2
冰镇	bīngzhèn	6-1
秉性	bǐngxìng	4-2
病殍	bìngpiǎo	3-1
剥夺	bōduó	5-1
补偿	bǔcháng	1-2
不动产	búdòngchǎn	1-2
不甚了了	bú shèn liǎoliǎo	2-1
不幸	búxìng	6-2
不足为奇	bùzú wéi qí	7-1
步兵	bùbīng	4-2
部落	bùluò	5-1

C
采购	cǎigòu	3-2
采纳	cǎinà	8-2
参数	cānshù	8-2
参照系	cānzhàoxì	5-1
操盘手	cāopánshǒu	3-1
查封	cháfēng	1-2
刹那	chànà	7-1
掺入	chānrù	8-1
阐述	chǎnshù	1-2
场次	chǎngcì	2-2
超越	chāoyuè	5-2
炒	chǎo	8-1
称心如意	chèn xīn rú yì	7-1
承担	chéngdān	6-2
承袭	chéngxí	5-2
诚心诚意	chéngxīnchéngyì	7-2
充电	chōng diàn	8-1
冲动	chōngdòng	5-2
冲击	chōngjī	8-1
崇高	chónggāo	6-1
宠爱	chǒng'ài	7-2
抽象	chōuxiàng	7-2
出家	chū jiā	5-1
出笼	chūlóng	2-1
出清	chūqīng	2-1

出让	chūràng	1-2
出身	chūshēn	8-2
橱窗	chúchuāng	7-1
传承	chuánchéng	5-2
磁性	cíxìng	8-1
从中获益	cóng zhōng huò yì	2-2
从属	cóngshǔ	1-1
粗略	cūlüè	4-2

D

大度	dàdù	7-1
大纲	dàgāng	1-1
大捷	dàjié	4-2
殆尽	dàijìn	7-1
担当	dāndāng	6-2
倒塌	dǎotā	7-1
得罪	dézuì	5-1
登基	dēng jī	4-2
等额	děng'é	2-2
等同于	děngtóngyú	6-1
地段	dìduàn	2-2
递减	dìjiǎn	5-1
殿堂	diàntáng	8-2
动产	dòngchǎn	1-2
动摇	dòngyáo	1-2
冻结	dòngjié	1-2
端倪	duānní	3-1
对抗	duìkàng	1-2
兑现	duìxiàn	3-1
盾	dùn	4-2

E

额外	éwài	2-2
耳熟能详	ěr shú néng xiáng	4-1

F

发难	fā nàn	3-1
发扬光大	fāyáng guāngdà	8-2
法人	fǎrén	1-2
繁衍	fányǎn	5-2
反弹	fǎntán	4-1
返利	fǎnlì	3-1
泛化	fànhuà	4-1
范畴	fànchóu	6-1
范例	fànlì	2-2
方略	fānglüè	1-1
分化	fēnhuà	5-1
分歧	fēnqí	5-1
分子	fēnzǐ	8-1
纷繁	fēnfán	6-2
纷争	fēnzhēng	4-2
纷至沓来	fēn zhì tà lái	7-2
风光	fēngguāng	3-2
奉献	fèngxiàn	1-1
扶持	fúchí	2-1
辅佐	fǔzuǒ	4-2
腐朽	fǔxiǔ	2-1
负荷	fùhè	2-2
附属物	fùshǔwù	7-2
附庸	fùyōng	4-2
复合	fùhé	8-1
复兴	fùxīng	5-2
赋予	fùyǔ	4-2

G

干系	gānxi	3-1
干预	gānyù	2-1
感官	gǎnguān	6-1
感性	gǎnxìng	6-1

感应	gǎnyìng	5-2
杠杆	gànggǎn	3-1
高不可攀	gāobùkěpān	5-1
高调	gāodiào	4-1
高尚	gāoshàng	6-1
高压	gāoyā	8-1
告终	gàozhōng	4-2
搁浅	gēqiǎn	3-1
隔绝	géjué	7-1
根基	gēnjī	1-2
公德	gōngdé	1-1
公爵	gōngjué	4-2
勾连	gōulián	5-2
股权	gǔquán	1-2
固化	gùhuà	4-1
固然	gùrán	7-2
顾此失彼	gù cǐ shī bǐ	7-2
官僚	guānliáo	4-1
冠冕堂皇	guānmiǎn tánghuáng	4-1
管制	guǎnzhì	2-1
光芒	guāngmáng	6-2
归纳	guīnà	4-1
归属	guīshǔ	1-1
硅	guī	8-1
跪	guì	5-1
过滤	guòlǜ	8-1
过剩	guòshèng	2-1
过犹不及	guò yóu bù jí	3-1

H

孩提	háití	8-1
浩劫	hàojié	3-1
合成	héchéng	8-1
合群	héqún	3-2
核心	héxīn	6-2
恒星	héngxīng	8-2
衡量	héngliáng	5-1
虎视眈眈	hǔshì dāndān	3-2
互利	hùlì	7-1
滑坡	huápō	1-1
划时代	huàshídài	4-2
怀恋	huáiliàn	4-2
还俗	huán sú	5-1
焕发	huànfā	5-2
惶惶不可终日	huánghuáng bù kě zhōng rì	6-2
灰心丧气	huī xīn sàng qì	7-2
回避	huíbì	1-1
回落	huíluò	2-1
汇聚	huìjù	5-2
混	hùn	6-1
混为一谈	hùn wéi yī tán	8-2
混淆	hùnxiáo	7-1

J

机制	jīzhì	2-2
积淀	jīdiàn	4-1
积压	jīyā	3-1
基因	jīyīn	5-2
基于	jīyú	5-2
激战	jīzhàn	4-2
集权	jíquán	4-1
几何	jǐhé	8-2
家喻户晓	jiā yù hù xiǎo	2-1
假惺惺	jiǎxīngxīng	2-1
坚冰	jiānbīng	3-1
建模	jiànmó	8-1
僵硬	jiāngyìng	8-2

交锋	jiāofēng	3-1	可口	kěkǒu	6-1
交易	jiāoyì	7-1	可取	kěqǔ	1-2
焦虑不安	jiāolǜ bù'ān	7-2	可望不可即	kě wàng bù kě jí	3-1
焦头烂额	jiāo tóu làn é	3-1	可有可无	kě yǒu kě wú	6-2
佼佼者	jiǎojiǎozhě	8-2	客体	kètǐ	1-1
脚跟	jiǎogēn	6-2	空前绝后	kōng qián jué hòu	8-2
教规	jiàoguī	5-1	空虚	kōngxū	7-2
教皇	jiàohuáng	5-1	快感	kuàigǎn	7-1
教会	jiàohuì	5-1	宽泛	kuānfàn	5-1
教条	jiàotiáo	7-2	框架	kuàngjià	5-1
教廷	jiàotíng	4-2	亏损	kuīsǔn	3-2
教徒	jiàotú	5-1	傀儡	kuǐlěi	3-1
劫富济贫	jié fù jì pín	2-1	匮乏	kuìfá	4-1
截然相反	jiérán xiāngfǎn	7-1	扩张	kuòzhāng	2-1
界定	jièdìng	4-1			
界限	jièxiàn	6-2			
借鉴	jièjiàn	6-2	**L**		
津津乐道	jīnjīnlèdào	4-2	拉丁文	Lādīngwén	8-2
尽人皆知	jìn rén jiē zhī	1-1	来世	láishì	5-1
尽善尽美	jìn shàn jìn měi	6-1	滥用	lànyòng	2-2
进取心	jìnqǔxīn	7-1	理所当然	lǐ suǒ dāng rán	7-1
精髓	jīngsuǐ	3-2	力学	lìxué	8-2
精英	jīngyīng	5-2	历程	lìchéng	6-2
敬业	jìngyè	1-1	立足点	lìzúdiǎn	6-2
敬重	jìngzhòng	6-1	利润	lìrùn	2-1
居中	jūzhōng	5-1	例外	lìwài	7-2
拘泥	jū'nì	5-1	连篇累牍	lián piān lěi dú	4-1
觉悟	juéwù	6-2	联盟	liánméng	4-2
爵	jué	4-1	灵	líng	5-2
			灵魂	línghún	5-1
			领主	lǐngzhǔ	4-2
			令人发指	lìng rén fà zhǐ	2-1
K			另类	lìnglèi	3-2
开发商	kāifāshāng	1-2	溜达	liūda	7-1
窠臼	kējiù	1-1	浏览	liúlǎn	7-1
可见一斑	kě jiàn yī bān	3-2			

流程	liúchéng	5-2		**N**	
陋规	lòuguī	4-1	纳入	nàrù	1-1
铝	lǚ	8-1	南征北战	nán zhēng běi zhàn	3-1
伦理	lúnlǐ	4-1	难以置信	nányǐ zhìxìn	5-2
轮回	lúnhuí	5-1	浓度	nóngdù	8-1
萝卜	luóbo	6-1			
逻辑	luójí	7-2		**P**	
			排斥	páichì	7-2
	M		旁门左道	pángménzuǒdào	4-1
盲目	mángmù	5-1	旁系	pángxì	5-2
茫然	mángrán	5-2	胚胎	pēitāi	8-1
茫然失措	mángrán shīcuò	6-2	膨胀	péngzhàng	4-1
冒	mào	8-1	碰撞	pèngzhuàng	1-2
冒犯	màofàn	7-1	偏爱	piān'ài	4-2
没完没了	méi wán méi liǎo	7-1	偏重	piānzhòng	6-1
媒人	méiren	7-1	平川	píngchuān	6-1
美德	měidé	7-2	泼辣	pōlà	7-1
美学	měixué	6-1			
萌芽	méngyá	8-1		**Q**	
弥补	míbǔ	7-2	奇特	qítè	6-1
迷离	mílí	3-2	骑兵	qíbīng	4-2
免除	miǎnchú	5-2	起义	qǐyì	4-2
免疫	miǎnyì	8-1	千夫所指	qiān fū suǒ zhǐ	3-1
名不虚传	míng bù xū chuán	6-1	千真万确	qiān zhēn wàn què	7-2
明快	míngkuài	8-2	谦谦君子	qiānqiān jūnzǐ	1-1
明了	míngliǎo	8-2	谦逊	qiānxùn	7-1
谬误	miùwù	7-2	签署	qiānshǔ	4-2
模块	mókuài	3-2	潜伏	qiánfú	4-1
模式	móshì	7-1	潜能	qiánnéng	7-2
没收	mòshōu	1-2	潜移默化	qián yí mò huà	5-2
漠不关心	mò bù guānxīn	7-2	潜在	qiánzài	7-1
谋取	móuqǔ	2-1	强劲	qiángjìng	8-1

强制	qiángzhì	5-1	设施	shèshī	2-2
峭壁	qiàobì	6-1	赦免	shèmiǎn	5-1
亲王	qīnwáng	4-2	摄入	shèrù	8-1
钦定	qīndìng	8-2	深谙	shēn'ān	3-2
勤俭	qínjiǎn	1-1	深入人心	shēnrù rénxīn	4-1
曲折	qūzhé	4-2	神父	shénfù	5-1
驱车	qūchē	2-2	神经元	shénjīngyuán	8-1
屈膝	qūxī	5-1	审美	shěnměi	6-1
趋向	qūxiàng	6-1	肾脏	shènzàng	8-1
全盘	quánpán	8-2	渗透	shèntòu	8-1
权威	quánwēi	4-1	生息	shēngxī	5-2
缺陷	quēxiàn	7-2	盛世	shèngshì	3-2
缺一不可	quē yī bù kě	1-2	失常	shīcháng	7-2
			失范	shīfàn	5-2
			失灵	shīlíng	4-1

R

染色（体）	rǎnsètǐ	8-1	施加	shījiā	2-2
人格	réngé	4-1	实施	shíshī	1-1
人事	rénshì	4-2	氏族	shìzú	5-1
认可	rènkě	8-2	世故	shìgù	7-1
认同	rèntóng	4-2	世界观	shìjièguān	6-2
认知	rènzhī	5-2	世俗	shìsú	5-1
日心说	rìxīnshuō	8-2	市侩	shìkuài	7-1
融合	rónghé	4-2	势力	shìlì	4-2
肉搏	ròubó	3-1	试图	shìtú	6-2
如痴如醉	rú chī rú zuì	7-1	适可而止	shì kě ér zhǐ	3-1
如火如荼	rú huǒ rú tú	3-1	收购	shōugòu	2-1
儒生	rúshēng	5-2	收益	shōuyì	2-1
乳汁	rǔzhī	8-2	受惠	shòuhuì	2-1
			抒情	shūqíng	6-1
			梳妆打扮	shūzhuāng dǎbàn	7-1

S

三言两语	sān yán liǎng yǔ	5-2	熟谙	shú'ān	7-1
丧失	sàngshī	6-2	术语	shùyǔ	7-2
僧侣	sēnglǚ	5-1	束缚	shùfù	8-2
上马	shàngmǎ	3-2	数码	shùmǎ	8-1

数值	shùzhí	8-1	土著	tǔzhù	3-2
双刃剑	shuāngrènjiàn	3-1	推算	tuīsuàn	8-2
水土不服	shuǐtǔ bù fú	3-2	推延	tuīyán	5-2
吮吸	shǔnxī	8-2	褪	tuì	7-1
松散	sōngsǎn	5-1	椭圆	tuǒyuán	8-2
素昧平生	sù mèi píngshēng	7-1			
塑造	sùzào	5-2			
溯源	sùyuán	4-2		**W**	
随机	suíjī	8-1	完善	wánshàn	1-2
索取	suǒqǔ	2-2	玩味	wánwèi	6-1
			危言	wēiyán	3-2
			微不足道	wēi bù zúdào	8-2
	T		巫术	wūshù	6-1
踏实	tāshi	6-2	无偿	wúcháng	1-2
昙花一现	tánhuā yí xiàn	7-1	无异于	wúyìyú	7-2
弹性	tánxìng	8-1	务实	wùshí	8-2
谈笑风生	tánxiào fēngshēng	7-1	误入歧途	wù rù qítú	8-2
碳	tàn	8-1			
倘若	tǎngruò	7-2			
陶	táo	8-1		**X**	
陶醉	táozuì	7-1	悉随尊便	xī suí zūn biàn	2-1
特价	tèjià	2-2	洗刷	xǐshuā	8-2
特权	tèquán	4-1	喜闻乐见	xǐ wén lè jiàn	3-1
梯度	tīdù	2-2	狭隘	xiá'ài	1-1
天体	tiāntǐ	8-2	先天	xiāntiān	5-2
天文学	tiānwénxué	8-2	闲置	xiánzhì	2-1
天象	tiānxiàng	8-2	贤惠	xiánhuì	7-1
条约	tiáoyuē	4-2	贤人	xiánrén	4-2
停滞不前	tíngzhì bù qián	2-2	嫌疑	xiányí	3-1
同构	tónggòu	5-2	跣足	xiǎnzú	5-1
同一性	tóngyíxìng	6-2	现身	xiànshēn	6-2
投靠	tóukào	4-2	宪法	xiànfǎ	1-1
透支	tòuzhī	3-1	相悖	xiāngbèi	7-2
图腾	túténg	6-1	削减	xuējiǎn	2-2
徒劳	túláo	8-1	削弱	xuēruò	1-2
徒众	túzhòng	5-2	效力	xiàolì	2-2
			协商	xiéshāng	1-2

邪恶	xié'è	7-2	依次	yīcì	5-1
信誓旦旦	xìnshì dàndàn	3-2	依附	yīfù	1-1
信徒	xìntú	5-1	依托	yītuō	4-1
信仰	xìnyǎng	5-1	依稀	yīxī	4-1
行使	xíngshǐ	1-1	移师	yíshī	3-2
行星	xíngxīng	8-2	颐指气使	yí zhǐ qì shǐ	4-1
兴趣索然	xìngqù suǒrán	7-2	议会	yìhuì	1-2
雄心勃勃	xióngxīn bóbó	7-1	异端	yìduān	8-2
修道院	xiūdàoyuàn	5-1	异议	yìyì	7-2
修行	xiūxíng	5-1	抑或	yìhuò	7-2
羞怯	xiūqiè	7-1	意识形态	yìshi xíngtài	5-1
虚拟	xūnǐ	5-2	阴霾	yīnmái	3-1
虚饰	xūshì	4-1	阴柔	yīnróu	6-1
许可	xǔkě	2-2	引申	yǐnshēn	6-1
序列	xùliè	4-1	隐含	yǐnhán	6-2
酗酒	xùjiǔ	7-1	隐身	yǐnshēn	6-2
蓄谋已久	xùmóu yǐ jiǔ	3-2	盈利	yínglì	2-1
悬崖	xuányá	6-1	永恒	yǒnghéng	5-1
削弱	xuēruò	1-2	优化	yōuhuà	8-1
血统	xuètǒng	3-2	有偿	yǒucháng	1-2
驯服	xùnfú	1-1	诱惑	yòuhuò	6-2
逊于	xùnyú	5-1	渔翁得利	yúwēng dé lì	3-1
			愚民	yúmín	1-1
	Y		宇宙	yǔzhòu	5-2
压抑	yāyì	7-2	郁郁寡欢	yùyù guǎ huān	7-2
延续	yánxù	6-1	寓于	yùyú	7-2
沿袭	yánxí	6-1	鬻	yù	4-1
掩盖	yǎngài	7-2	原创	yuánchuàng	6-2
演化	yǎnhuà	2-2	原子	yuánzǐ	8-1
阳刚	yánggāng	6-1	援引	yuányǐn	8-2
仰慕	yǎngmù	6-1	源远流长	yuán yuǎn liú cháng	4-1
徭役	yáoyì	5-2	怨恨	yuànhèn	7-2
冶金	yějīn	8-1	约定俗成	yuēdìng súchéng	4-1
一味	yíwèi	7-2	越(出)轨	yuè(chū)guǐ	3-1

允诺	yǔnnuò	5-2	逐出	zhúchū	8-2
			主教	zhǔjiào	5-1
Z			主体	zhǔtǐ	1-1
赞叹	zàntàn	6-1	主宰	zhǔzǎi	5-1
葬送	zàngsòng	7-1	主旨	zhǔzhǐ	1-2
战犯	zhànfàn	3-1	助长	zhùzhǎng	2-2
战利品	zhànlìpǐn	3-1	助人为乐	zhù rén wéi lè	7-1
张力	zhānglì	5-2	专利	zhuānlì	3-2
彰	zhāng	1-1	转化	zhuǎnhuà	5-2
掌门人	zhǎngménrén	3-1	装置	zhuāngzhì	8-1
招数	zhāoshù	2-1	壮美	zhuàngměi	6-1
朝三暮四	zhāo sān mù sì	5-1	追溯	zhuīsù	5-2
召唤	zhàohuàn	6-2	准	zhǔn	5-1
振兴	zhènxīng	2-1	孜孜以求	zīzī yǐ qiú	4-1
征收	zhēngshōu	1-2	自觉	zìjué	5-2
政变	zhèngbiàn	4-2	自立	zìlì	6-2
支撑	zhīchēng	6-2	自私自利	zìsī zìlì	7-2
支点	zhīdiǎn	6-2	自相矛盾	zìxiāng máodùn	7-2
支付	zhīfù	2-2	宗法	zōngfǎ	4-1
指点迷津	zhǐdiǎn míjīn	5-1	卒	zú	8-2
制动	zhìdòng	8-1	祖宗	zǔzong	5-2
制约	zhìyuē	4-2	罪状	zuìzhuàng	8-2
智慧	zhìhuì	6-2	遵循	zūnxún	1-2
中间人	zhōngjiānrén	7-1	左倾	zuǒqīng	3-1
周期	zhōuqī	2-1			